U0135661

921震後
20年紀事
以及核電爭議
與全球氣候變遷

黃榮村 著

目 次

序

　　921 這個災難魔術數字，已經成為台灣集體記憶的一部分，就像二二八、四六、八七與八八一樣，每到這個日子就是要靜下來想一想，不只是要回憶過去，更要看向未來。

　　對我來講，921 假如剛好來到十周年或是二十周年，總覺得有責任好好坐下來寫一些文字或講些話，至少交代兩個要點，一個是從 921 的救災與重建經驗中，我們究竟學到了什麼防救災經驗可以交給下一代，來當為建設韌性城鄉與韌性社會的參考；另外一個則是，如何將台灣在大災難中出現過令人感動的患難與共情懷，擴散到社會上的每個角落，讓台灣在下一個大災難出現時，得以更快凝聚這種患難與共的情感，讓它發展得更為強大，協助大家度過難關。

　　921 之後世界上發生了很多更大規模的天然災難，有些是地震、風災水災，有些則是台灣比較陌生但威力無窮的海嘯。整個地球更面臨著百年內一定會發生的海平面上升災難，台灣不可避免的，也很快會捲入這個全

球氣候變遷所帶來的困境之中，出現能源供應短缺、核電廠爭議、西部海岸區域遷移，與國土規劃等問題。本書將這些問題彙總在一起，分輯編列，每一件事都與台灣面臨的災難有關，從過去到現在，一直連往未來，值得大家一起來正視它們並謀對策。

　　本書各文雖皆互有關聯，但所涉學術及經驗領域卻有極大差異，因此在資料證據與論證的蒐集呈現方式上，各有不同，雖已盡量覆驗，不免仍會有疏漏與引用失當之處，尚祈各界方家惠予指正為禱。

輯 一

921 震後 20 年紀事

20 年後，誰還記得 921

　　真的，20 年後，誰還記得 921 ？當年的災民與當事人，當然記得，還有我們！時間真是飛逝如梭，921 大地震過後一晃都已 20 年，在這中間每逢哪裡有狂風暴雨、坍方、地質災害、天然災難時，都想進一步去了解，若是在中部山區，更是有一種衝動想趕到現場去看看。我無意中發現當年 921 重建會的革命夥伴，很多位跟我一樣，都有這種類似的行為傾向。

　　後來在台北搭捷運時，發現有一些人站著不用扶任何支撐物，除了壓低身體重心之外，好像練過太極拳似的。我既沒學過太極拳也沒真正蹲過馬步，但很羨慕這種瀟灑，也想學它一下，認為應該有簡單的物理學原理可以參考才對。馬上想起一直印象鮮明的 921 經驗，當時的橋梁（不管新舊），與建成一字長蛇陣（沒有左右支撐）的老舊學校，只要坐落方向與震波方向垂直，就應聲而倒，若是與震波方向平行，則大部分平安無事，因為避免掉正面強力對撞之故。依此慢慢琢磨出幾個道理，當捷運車輛開動或停站時，站立身體與雙腳位置應與車行方向平行；但在車子行進過程中不免左右晃動，此時身體若能與左右方向多少保持一點平行最好。因此

綜合而言，搭上捷運又是站立之時，則在車子前進時以保持身體與前進方向平行為主，必要時稍微側身到 30 度以內，若能微蹲降低身體重心會更好。我按照這個原理試過兩三次後，從此海闊天空放手隨著車廂晃動。沒想到短短幾年的 921 經驗，竟然無時無刻不在我身上發威。

不過不要以為一得之愚，真能放諸四海而皆準。我到了倫敦走進像大水管一般的地鐵（Tube），想故技重施，最後發現不太適用，還是乖乖坐到座位或拉住站桿，因為倫敦地鐵的車輛結構與動力仿火車設計，馬力與扭力皆遠大於台北捷運，可說是剛性車廂，台北的相較起來就偏向極軟了。

過去十幾年間，一直與過去 921 工作夥伴保持聯繫，大家也很珍惜，畢竟不是每個公務員都有機會接手這類業務，而且在重建過程中，從震驚之下的無力感到茫無頭緒到走出一條路來，任何一項都是受災者人生中極大的考驗，何況是同時要處理那麼多件，而且很多全職調兼的前省府人員本身也是受災者。很多人都把它當成是一生為國為民公務生涯的最後一戰，而且在處理這麼龐雜困難，經費又如此巨大的重建業務，不只推動起來得心應手，又這麼難得沒有一件事被檢調單位盯上的，被視為是一生當公務員，在公門好修行多年之後難得的福分（吳崑茂，2004；以及吳聰能與游文德的觀察），因此志氣特別高昂，他們很多是嫻熟業務的第一線專業人員，我與他／她們幾乎沒一個過去就熟識的，沒想到竟有機會大家一起走過這一段，是我一生的榮幸。

到了今天，當過 921 重建會副執行長的柯鄉黨與丁育群（後皆轉任營建署署長），都已辭世，其他也有英年早逝者。至於在 921 重建與桃芝風災救災期間的軍中夥伴，如十軍團賈輔義司令與賴宗男中將副司令，以及

前來協助桃芝救災的前十軍團司令高華柱，與當時常到災區巡訪的霧峰人參謀總長湯曜明，皆已不在任上。至於幾位當年在 921 災難中角色突出的人物，聖嚴、王永慶與江丙坤已逝，證嚴、星雲、李遠哲、李登輝、陳水扁、唐飛、劉兆玄等人，則早已遠離 921。

921 震後十周年與二十周年

921 屆滿九周年前，我建議時任行政院院長劉兆玄在十周年時，作一些重要的紀念與宣告，成立指導委員會全面檢討，並藉此宣告進行事關台灣國土永續發展的法律架構。我們曾分別擔任過 921 救災與重建期間的第一與第二位執行長（我雖然是在台灣第一次政權輪替後擔任，但就連續性而言可算第二任），後來政黨再度輪替，劉當行政院院長時，我已在中國醫藥大學擔任校長，曾建議他說，一個像樣的國家，應該在快要來到的 921 大災難十周年（2009）時，大做一下，弄點有感的政策宣示，他甚以為然，好好的主持開了一個大會，誰提議誰倒楣，我變成是民間召集人。但過了兩三個月竟然動不了，問了內政部以前 921 的重建夥伴，他的回答很乾脆，說當時救災是國民黨政府，重建則是民進黨政府，辦起十周年來當然是重建居多，上頭沒特別指示，要辦十周年不好拿捏，很難辦。我雖然有點啼笑皆非，但這說得也有道理，是文官的難處，我幫忙轉達關切後就開步走了。

劉後來在行政院院長期間，卻因八八風災去職，剛好就在 921 十周年之前，真是大水沖倒龍王廟，所以雖然紀念活動照樣舉辦，我也參加做了

幾個主題演講，但站在政府決策層次，針對救災重建與防災的前瞻及展望政策宣示等項，就無法有系統的整理宣告，可以說是草草交代。這種功敗垂成之事，也發生在為華航空難舉辦的紀念會上，劉時任行政院副院長，他要我負責這件事，本來已找罹難的許遠東總裁大提琴老師張正傑參與規劃，並已請余光中教授專為這個悲劇寫好悼念詩，台灣電通也拍了紀念短片在電視上試片中，但在舉辦前幾天忽然又摔一架，我就建議行政院不要辦了！

2009 年 8 月 8 日莫拉克（Morakot）颱風橫掃中南部，從南投信義、嘉義阿里山鄉，一路往南經台南、高雄、屏東，再包括台東，可說無一倖免，在過去幾個大風災中影響層面最為巨大，已如 921 一般成為國際級大災難，也是近年來國內風災中唯一有國際救援的世紀性事件，而且還引發了政治風暴。八八水災就像倒推 50 年前的八七水災再現，規模更大，也超過賀伯、桃芝與七二水災，其兩三天內的累積雨量上看三千毫米（mm），小時雨量近百毫米，死亡人數逾七百人，比近年來水災死亡人數最多的桃芝風災 214 人更為慘烈。斷橋約百座，在台灣災害史上未有單一災害有如此多斷橋者。重建經費預估逾千億，直接與間接經濟損失雖不及 921 規模，惟山河損壞難以估算。

這次八八水災的救災與重建，都是在國民黨輪替回來的期間內完成，仿 921 設置了專責專職的行政院重建會，由夙有經驗的陳振川任執行長，雖未發布緊急命令，但仍仿 921 制定了《莫拉克颱風災後重建特別條例》。可見不管哪一個政府，大家認為針對這麼大的災難，弄個單一窗口的機構來執行特別法，一直搞到重建完成，還算是比較好的做法，在這一點上朝

野並無歧見。

災難政治學：比嚴重比功勞

　　台灣的重大災難有一特色，就是災害一發生，總統與行政院長總是要出面會出面的，更不用說縣市首長了，可說是政治總動員，若有例外，那非得給個像樣的理由不可，因此政治人物沒人會想去違犯這個規矩。所以台灣在救災與重建上，放諸國際，一向在效能與成果上，至少是處於中上的。台灣自己也不是很謙虛，只有在防災上，認為大概是比不上日本與美國了，但在救災與重建的成效及名聲上，那可是一點都不客氣了。正因如此，台灣發展出一套很有意思的災難政治學，如何比嚴重比功勞？這裡面學問很大，以 921 為例，大概國軍與慈濟是沒有話說的，其他長期蹲點或投入資源的善心團體或個人，就未必得到應有功勞，明顯的有月暈效應，這其實是不好的，雖然沒有人會去計較這些事。

　　2019 年是 921 地震二十周年，八八水災十周年，八七水災六十周年，回看這幾個與台灣命運緊密相連的大災害，一定有很多可以互相比較，而且讓大家得以從中學習的地方。當年發生莫拉克颱風的八八水災時，很多人一直想比較它與 921 有何不同，災害雖然性質不同，但在救災、安置、重建、振興、建立後續防災新觀念等階段，都有同異之處可供比較。另外在災害規模與影響幅員、傷亡與經濟後果、住宅建築物與基礎設施之損壞與重建、住宅貸款與財務協助、農產業振興、重建難易等大項目上，也有很多可以做比較之處（廖振樺，2019）。

但是純粹的排列比較，意義不大，而且容易淪為機械式比較，或純以災害嚴重度大小看待的膚淺看法。有的人心中一直想的就是如何在這兩個災害中分出大小，以便正當化行政與社會的投入，其實悲劇就是悲劇，不能在那邊膚淺的說哪一個的悲劇性比較高，真正該檢討的應是有沒有將善後與日後的預防做好。八八水災重建時面對的主要困難點也與921震災大不相同，如因為原地重建、限制居住或使用，與強制遷村上，所引發的原住民文化及住屋之處置，以及河川與水庫的嚴重淤積，在921時都不是真正嚴重的問題，但在八八水災之安置與重建上則頗為棘手，此時所研提的重建政策應如何做特殊考量？還有為何兩者的安置與重建方式有如此大的差別，一為臨時組合屋，一為避難屋、中繼屋與永久屋，如何檢討它們的利弊得失，以及主管官署與災民之間長久的交涉、妥協，甚至決裂的過程？這些檢討都有助於處理日後類似災難的參考。

　　這類實質問題的討論，至少還包括底下各項：

1. 從國際重大災難處置的比較角度來看，我們當年在921與八八因應上，領先國際、確有成效、落後做法、沒效率、應修正與應做未做之處在哪裡？
2. 過去二十年或十年還沒搞定的苦難在哪裡，原因在哪裡？
3. 仿造日本幾個指標大學的做法，整理出這二十年來台灣防救災技術的演進，與地震科學及技術之進展（包括預防、預警與預測）。
4. 921與八八當年的孤兒們都還好嗎？2018中國川震十周年，有一個極為感人的聚會，儘量找出過去的川震孤兒數百人，齊聚一堂向大

家問好，令人印象深刻。我們如何在這方面繼續做出努力，讓國人的關懷之心重現？

5. 在 921 二十周年與八八風災十周年之時，應該提出有感的國家政策級宣示，包括防救災法令與政策之更新、易致災地區的國土規劃、流域聯合整治、中橫台八甲整建方案、社區更新與重建、斷層帶建築與保險、財政金融協助措施、公部門與民間參與之協同運作、捐款之利用等項。

6. 921 促生了台灣志工運動元年，一兩百個大小型民間與志工團體在災區長期蹲點，與大家一起走過災難；八八水災的民間參與與效能，不下於 921 之時。我們如何讓這個網絡覺得台灣社會真的有情有義，值得重新再聚集起來共同做些有意義的大事？

921 重建機制的建立

我在 1999 年 10 月 9 日到 2000 年 3 月 3 日，先出任「災後重建民間諮詢團」執行長，這是當時中研院李遠哲院長應行政院蕭萬長院長之請而籌組的民間組織，由他親任召集人。那時的副執行長是林能白與賀陳旦，其他的專業人員名單反映的，其實是當時社會各行各業專業人士的關切之情，頗具紀念意義，在此臚列如下，以誌不忘：

1. 工程與防災組：陳舜田、洪如江、許茂雄、顏清連、羅俊雄、陳振川、蔡義本、葉義雄、張荻薇、張吉佐、莊南田、潘冀。

2. 環保與農村組：陳希煌、林宗賢、蔣本基、郭城孟、翁徐得。

3. 醫療衛生與社會／教育／心理組：謝博生、陳建仁、蕭新煌、鄭麗珍、吳英璋、曾憲政、周碧瑟。

4. 社區與文化組：陳其南、陳錦煌、賀陳旦、薛琴、林懷民、黃春明、杜正勝、瓦歷斯・諾幹、陳亮全。

5. 產業、財務與管理組：鄭深池、殷琪、侯貞雄、戴勝通、高承恕、林全、林能白、麥朝成。

6. 法律與行政組：林子儀、范光群、朱柏松。

2000 年 5 月下旬政黨輪替後的民進黨新政府，召開第一次行政院院會，唐飛院長宣布由我以政務委員身分，出任「行政院九二一震災災後重建推動委員會」（簡稱「921 重建會」）執行長，另請蔡清彥與陳錦煌兩位政務委員協助，主任委員則由唐飛院長親自擔任。會中他要求各部會署積極配合，並給我一個「征西大將軍」的封號，於 6 月 1 日正式進駐設於中興新村的重建會總部，辦理救災與安置之後八個縣市的重建業務。雖然在短短幾個月內，重建會已發展成三百多人的任務型組織，但在當時可是一個人都沒有。我就這樣從民間組織諮詢團的執行長，轉任政府任務編組 921 重建會的執行長。

其實重建會不是一個新名稱，在 1999 年（民國 88 年）921 地震之後的一個禮拜內，行政院就成立了重建會，由蕭萬長院長擔任主任委員，並於 9 月 28 日在台中市文心路的警察局內，成立重建會中部辦公室，由劉兆玄副院長出任執行長，是一個以救災與安置為主的單一窗口，成效相當明顯，但大致底定後，在同年 12 月即改由內政部簡太郎次長坐鎮中部辦公

室，業務則回歸各部會署與地方政府，當為單一窗口的重建會形同解散。

很多人好奇同樣一件事情有兩種不同做法，則一定有一種是不對的，不過，這不是一件可以容易下定論的事。以日後重建龐雜的業務觀點來看，再成立由專職公務人員調兼，且總部以單一窗口方式設在災區的做法，看來是其有必要性。當時意氣風發的陳水扁總統，在2000年6月1日於中興新村「921重建會」新址掛牌時，即要求重建會在災區中「聞聲救苦」，並誓言在四年之後完成重建。事實上揆諸國際經驗這樣講有點太過樂觀，最後則是多用了兩年時間才算大體完成，不過國家領導人喜歡把時間押前的作風，可謂舉世皆然，大家也就當真的全力以赴。

前重建會當為單一窗口的功能，形同解散約達半年之久，可能與總統大選有關，在大選前一兩個月確有難以全力投入的苦衷，在選後則局勢丕變亦難好好辦理，而且認為最緊急的救災與安置已大致底定，緊急命令在1999年9月25日頒布，有效期半年，2000年2月3日則有總統李登輝公布實施的《九二一震災重建暫行條例》，有效期限至2005年2月4日止（後來曾大幅修改且又延長一年），經建會則已擬定「災後重建計畫工作綱領」（1999年11月9日）與「災後重建政策白皮書」（2000年5月15日行政院備查）。當時的想法應該是，既然已鋪陳出這些可供災後重建當為依據的基礎設施，則在緊急的救災與安置之後，應可採取回歸正常政務之做法，由各部會署及地方政府各負其責，必要時再予協調整合即可；而且日本神戶—淡路大震災的重建，也不見得是由中央政府來強力主導，仍可有效推動。

如此說來，似也有其道理在。惟921震災是一非常事件，沒有真正走

入重建階段，不知其複雜與艱難；另外在精省之後，過去由省府統籌救災與災後重建的功能已不存在，對地方政府的能力不能高估，對其派系糾葛也不能忽視；而社會大眾認定中央政府應全面介入負責的強烈態度，更是台灣特殊國情，國外經驗難以比照。就因為這半年一耽擱，重建落後的問題終於被凸顯出來，成為全國性亟待解決的燙手難題，新政府也將其列為指標性的重大國政，再度成立專責的單一窗口，就成為不得不做的事情。

匍匐前進 921

撇開這些，921 其實有更多值得敘說，值得一再回顧與檢討的經驗及教訓。剛接觸 921 重建時就像掉入一個蠻荒世界。南投信義鄉神木村的漢人村長很靈光，每次大風雨要來時就找來電視台與攝影機，獵取災害鏡頭，甚至可拍到土石流沖走聯絡道路的橋梁，有一次我與村長登上小山往下看，問他底下三百多戶哪一家有建照，橋梁在颱風大水時屢斷屢修，遷村還更划算許多，為何不遷到附近；在集集廟前與災戶互動時，問說台灣違建比例最高的地區在哪裡，結論是在南投，但每個人在重建時都想就地合法；倒塌大樓的則主張代位求償，政府先給災戶錢，大樓就讓渡給政府去跟建商打官司求償。

重建時經常要面對行政、知識與道德三種傲慢，行政單位在災難之時權力特別大，外界進來的資源比以前多太多，沒服務觀念的官員很容易出現行政傲慢；平時高高在上的知識界學術界或強調理念的團體，有些不接地氣的，很容易不小心就出現在知識與專業指導上咄咄逼人的傲慢；至

921第一周年，災盟夜宿中興新村。（吳崑茂／提供）

921重建會執行長2002年2月1日由陳錦煌接任，游錫堃院長主持交接，第一排後站立者皆為重建會要角。（吳崑茂／提供）

921四周年在中興新村，小傢伙打得比誰都起勁，這時的重建會執行長是
郭瑤琪。（廖維士／提供）

於道德的傲慢比較不容易理解，但有些受災者很自然的以為別人都應該照
顧他們，一有不順就很容易不滿與指責，由於這是受難之下產生的過度表
現，在錯覺之中以為自己受難站在道德高位，故稱之為道德的傲慢，這種
人雖然很少，但最難處理，不管怎樣他們確實是最應該被幫助的弱勢中的
弱勢，若不是這樣，他們也不至於氣急敗壞了。

　　從事重建的人在這些傲慢與偏見下，一定要有耐心傾聽與誠意溝通，
才能轉化做出同心協力的成效。但每個人都不是天生來服務別人的，尤其
重建會中很多是來自當年省府的能幹官員與專業人員，而且做過不少發號
施令的重大工作，貢獻良多，所以我常要與同仁們建立共識兼打氣，大家
也很快知道把事情做成功最重要，縱使要匍匐前進，違背本性，也是要好

好做啦。像我剛從台大教授轉任，馬上碰到921第一周年，災盟夜宿921重建會本部的中興新村，辦理高空彈跳，抒發災民無可如何之鬱悶怨嘆，尤其是針對災民最關心但也最難搞定的住宅重建。我在這種僵局下也只能調整心情上台共體時艱，同仁們以前大都是省府文官，看我都這樣融入了，也都熱情的參與了這個活動。時間過得很快，我就這樣沒日沒夜匍匐前進了快兩年，才捨不得站起來離開到教育部接任新職，那時已是2002年2月了。

這段快兩年的時間，也是我一輩子中最接近地方政治的一次，那時為了整治山河、推動公共工程、加速住宅與學校重建，以及後續的救災工作，這些都是龐雜得不得了的事，幾乎每件事都與地方有緊密關聯，因此有很多時候都要與縣市首長做緊密互動，包括有彭百顯（南投）、廖永來（台中縣）、張溫鷹（台中市）、傅學鵬（苗栗）、阮剛猛（彰化）、張榮味（雲林）、李雅景（嘉義縣）、陳麗貞（嘉義市）、馬英九（台北市，歐晉德時任副市長）與蘇貞昌（台北縣）等人，還有人數更多的鄉鎮市長們，他們是直接在第一線重建與救災的主力，大家可以說都是廣義的921重建工作夥伴，寫在這裡除了有點紀念意義之外，也藉此表達感謝之意。今日再看到任上與離任之後的三張照片，雖然人事已全非但還蠻有紀念意義的，附在這裡讓當年參與過的人有一個回想起點吧。

921重建過程中所發生事情的林林總總，充分顯現出大災難就像一面鏡子，無情的反射出台灣社會在這類問題上所碰到的困境。底下就選幾個主題做一回顧。

傷腦筋的重建與後續救災問題

　　我在 921 震後八個月才以政務委員身分，正式接任行政院 921 重建會執行長，所以當然是以重建業務為主，剛去時與同仁外出到草屯等地吃晚飯，四處都是燈火零落罕見人跡，白天則是抨擊重建落後之聲不斷，需要關切解決的重建問題真是一籮筐。但是重建之中也經常性的需要出去救災，因為大震之後地質極端不穩定，幾個縣市災區與大片山區只要來個大雨一定傳來災難。本來以為只會是一些零星小災，沒想到隔年 7 月底來了一個特大不下於四年前賀伯的桃芝颱風，而且帶來極大傷害的水災，所以也要同時在重建中優先兼顧救災的急迫需求。綜合這些傷腦筋的重建與後續救災問題，本文僅列舉若干項目予以簡述，另外有關學校重建與集體焦慮以及身心靈重建部分，則另文撰述。

該快的不能慢，該慢的也不能快

　　台灣是一個動不動就要看效率看快速成果的社會，如倒塌住屋與學校重建巴不得隔天就可以一棟棟建好，好讓災民得以儘快安身，災區小孩快快樂樂上學，因此當住宅重建進度緩慢可歸責於政府，或政府負責的學校重建落後民間援建的進度時，就舉國一致苛責，這種心情其實是可以理解的，大家也願意全力來促成（另見本書〈史無前例的 293 所學校重建〉文）。但另外有些事卻是急不來的，一急不只難以成事，而且可能因此大量浪費人民的納稅錢，負責整個災後重建事務的行政院 921 重建會，經常要在急急如律令的壓力與審慎評估之間做決定，這些事務包括和平鄉谷關到

21

德基段青山上線與下線（中橫台八與台八甲線）的整治及通車、草屯九九峰與墓碑山的植被恢復及綠化，續有風災水災之後跨河斷橋的重建（如陳有蘭溪與信義鄉神木村社區）、古蹟與歷史建築（如霧峰林家），還有尚未經過好好調查需求的鄉村新集合住宅等項。

以中橫從谷關到德基段的台八與台八甲（或稱青山上線及青山下線）為例，921 震後可說滿目瘡痍，上下邊坡幾無完整之處，青山下線受害比較沒那麼厲害，又是員工要前往青山水力電廠工作的必要路線，因此儘量修復，但也只能開放給當地居民與員工使用，目前則做到有限度開放給遊覽車輛來往谷關與德基之間，但還不能讓一般車輛行駛。這是一個長期拉鋸的過程，地方居民與觀光業者一直透過民意代表表達開放的意思，總認為人定可勝天，政府應體恤民情發揮效率才對，但地質與工程條件確實尚未成熟，能做到目前這個地步已經是走在安全邊緣了。

有的人認為經過 20 年休養生息，以前當為主要幹道的青山上線（台八）邊坡應已穩定，可以開工整建通車了，這當然是一廂情願的想法。我在 921 重建期間曾去過幾次，當時有諸多不同主張，包括進入山區作大規模的自然工法修復，也有主張開國際工程標，開價不下 200 億元，幾經思考皆不可行，一定是修了又壞，浪費大量人民納稅錢而已，最後決定應以國際類似經驗為師，先休養生息幾十年，再定行止。時至今日，各項地質與邊坡條件，仍無修復之可能，想想看若當年冒冒失失在民粹或情感氾濫下，一頭栽入，則不只花大錢而已，更是專業潰敗的結局，於大事無補，大概也找不到人負起胡亂決策的責任。

台八青山上下線之受損情形，上下邊坡幾無完整之處。（黃文光／提供）

中橫台八線谷關德基段。（林銘郎與洪如江／提供）

這件事雖屬交通部經管，但 921 重建會因為是統一窗口，經常被當地民意逼著要儘速修復，因此擬訂了三個階段的復原計畫，第一階段要 10 億，第二階段 15 億，第三階段則是大格局的 200 億。前兩階段都按規劃進行，但第三階段復建是嚴重違反大地工程原理的，因為不穩定的上邊坡規模龐大，而且顯然還沒有足夠時間讓邊坡穩定下來，硬要用工程方法解決，不只花費是天文數字更不能確保有效。假如當年真的花了 200 多億去做，一定是災難一場，不知要連累多少公務人員。在 921 加速重建時，完全人道考量，很多人不敢將成本效益講出口，但也要有基本常識與判斷，大家再多溝通還是勉強可以和平相處的。

　　底下再試舉數例以明之，其中大部分細節已在本人以前所撰專書中詳為記述（黃榮村，2009）。

理想與濫情只有一線之隔

　　在中潭公路上，一進入草屯往國姓、埔里方向，總會看到九九峰與鄰近的墓碑山，山是一大一小，在 921 後光禿禿一片，十來年之後則已逐漸布滿原生種的小草與植被。正如當初專家所預測的，不用多做無益之事，要相信大自然自我療傷的能力，但是當年卻不是這樣的想法。

　　張俊宏一直熱心想說服農委會水保局，開小飛機面對墓碑山（因為太過陡峭，難以攀爬），噴灑由日本買進的種子包，以助早日長出植被。他自己出錢出力作示範，還找了院長總統來看演練，並希望政府部門按這種方式擴大辦理。921 重建會與農委會從專業觀點，認為這種人定勝天的做

法很有問題，不必急著花大錢做不一定有效的事。農委會陳希煌主委與我在深入了解專業看法之後，同意不用大張旗鼓的去做這種看起來不是很聰明的事情。今日看來，當然是要這樣才對，由飛來飛去的原生種子深入岩壁縫隙，長出來後才能抗拒雨水沖刷，這也是生命成長的自然方式。九九峰的復育，事實上也是遵循該一長期的自然復育法則，不過當時要承擔很多壓力。

人定勝天的想法，來自於無法忍受岩壁與邊坡不再有綠意，想用綠色方法來補救。這是一種理想，但若太過則淪為濫情。同樣的，基於安全與效率的理由，動輒對著破損的邊坡噴水泥漿，在山中確實太過突兀，也是過去不求長進求速成的做法。早年在山中道路行走，最常看到的就是斗大的「反共抗俄」、「毋忘在莒」、「中華民國萬歲」噴漆，以及水泥護坡，在山明水秀的地方真有點煞風景。郭清江是一位熱心回國服務的航空工程師，在 921 重建會擔任副執行長期間，經常深入山區走向源頭，倡議採自然工法（或稱生態工法）用打樁編柵的方式力求補救，甚至認為谷關到德基段的台八與台八甲線，這些已被大地震蹂躪得支離破碎的山坡，也應該可以用生態工法予以復育或修復。這種說法很具吸引力，也獲得一些專家的熱情支持，剛開始時還研議是否編一筆 200 億的經費，來作多元的整治工作，甚至還有人倡議應開國際標，但這件事難度太高又花大錢，而且成效難以預期，因此予以擱置。

台大土木系的工程地質專家洪如江教授治學嚴謹，在剛開始時存著狐疑態度，但與郭清江到各地 921 現場跑了幾趟後，也被說服，覺得應有推動生態工法之空間。主張生態復育讓大地能夠喘息修養的陳玉峰教授與張

豐年醫師等人，則持完全不同觀點，力主不要動它。至於水土保持專家更覺專業被侵犯，因為打樁編柵是水土保持的 ABC，假若真有用，他們早就做了。邊坡與道路的安全與修護效率，則是公路總局的唯一關切，梁樾局長還跑來親自了解。我身處各種不同主張之間，難以在自由狀態之下獲得穩定的心證，覺得唯有實證才是檢驗真理的方法，就請潘明祥、楊偉甫與大地工程處同仁去實地評估各種工法的效果，並且等待每年一定會來的颱風與大水，來作大自然的測試。

這份驗證報告照了不少整治前後的照片，發現各種工法真的是利弊互見，難以做出簡單判斷，主因是自然工法在理念上當然占優勢，不只單價較低，而且誰願意在道路邊看到一些水泥邊坡（包括噴漿與型框植栽）？但是自然工法需要較長時間才能長出來或趨於穩定，惟道路邊坡下方經常有需保全之對象，如鄰近住家或車輛駕駛，故受損邊坡急需快速穩定。又兼中部山區雨水多，一遇風災水災，自然工法的成效常遭受挑戰。此所以公路單位對這種工法多不以為然，常與作這種強烈主張的人發生極大衝突，因為一旦邊坡無法快速穩定，一出事或崩塌之後，公路單位一定首當其衝要負全責，成為各方責罵焦點。這是一個典型的理念與實務之間引發衝突的例子。

我們經常要在兩造之間作協調與裁定，依個案作不同處理，才部分解決了這些糾紛。事後想來，當然是專業才能真正解決問題，但很多行外人（不能稱為外行人）提出一堆理念，無法一一滅火，這種滅火的事也不能常做，做多了反而會被罵成是一種「沒有理念、沒有前瞻性」的保守性格。但理念提出後不知節制則又可能轉為濫情，給專業人員與該負責的人帶來

很多壓力，因為理念不同還可以辯論，濫情之後就什麼事都講不清楚了，這種時候就只好繼續「抗壓」，抓住大的不放，放幾個小的當作安全瓣。

台灣治水有理念派與實務派之爭

前者主張不與河爭地，不去斬斷山腳建公路，儘量遷徙易氾濫地區之居民；後者則主張這些在實務上都難以做到，需走另一條路。經建會（現在改為國發會）多次倡議國土保安與遷村之必要性，尤其是在921後又來桃芝風災，主張應協助人民遠離易致災害地區，慈濟在桃芝之後亦有此議，且承諾給一家300坪，但都很難做到，包括致災情勢已很清楚最好遷村的信義鄉神木村及豐丘等地。究其原因，應是包括底下數項：（1）生計依賴後山與河川伏覆地之種植。（2）對農舍與違建的處置，做不到如都會區之都市計畫與建照管理方式。（3）對應該從長計議的產業道路、橋梁等，因選舉及政治因素不敢不修。（4）遷居優惠條件仍不足。（5）最難的就是長久以來對原居住地的依戀，捨不得遷離。此所以遷村之議雖多，但迄今難有真正成功之例，其問題乃出在配套措施不足以解題之故也。

921震後山上四處都有張力裂縫，崩毀與弄鬆的山石也堆積在那邊，大水一沖就下來了，而在陳有蘭溪與大甲溪都可清楚看到在大河彎曲處、在向源侵蝕處的上方，都建了不少房子。另外在河口、沖積扇建出沒有建照的房子，與山爭腳與河爭地之例，可謂多到不能勝數。桃芝風災與七二水災時，這些地方都不能倖免；在東埔蚋溪竹山段邊，則看到一排排彎腰的房子傾斜的住屋，在沒倒之前還曾是觀光景點。

理應遷村而不遷村，類似事件一再重演，一方面是因為人總是善於遺忘，而且不太能從歷史獲得教訓。有的人則有控制錯覺（illusion of control），認為他雖處危險之地，但他早已有經驗可掌握這些風險，當然也能趨吉避凶。另外有的人則是既然已住在風險之地，為了避免認知失調（cognitive dissonance），就說服自己也想說服別人，說明自己所居住的處所其實安全無虞，大可不必擔心。但是大水與土石流都是盲目的，它想流那裏就流那裏，而且一定選阻力最小的地方，就是那些本不應住人的地方。所以善心人士與有識之士一直建議遷村。

　　桃芝災後，慈濟遊說水里鄉與信義鄉居住在易致災害地區的住戶搬出來，每戶給300坪地並協助就業，但沒一件成功，因為住戶嫌太遠。經建會在桃芝後，一邊倡議國土保安與復育一邊提遷村計畫，也不成。為什麼這麼困難？因為居住在這些地方的人，其生計來源往往是作山與沿河墾殖，早已習慣在山邊河邊過集居或聚落的生活。所以若在附近找地可能較有希望遷得成，遠了就有上述問題。但以桃芝甚至後來的八八風災為例，災害的影響面一般都是帶狀面狀，很難在附近找到適合的地段，比較可能的是利用台糖與國有縣有大塊土地，作較好之規劃，並給予較大誘因以維持其生計，也許就有可行性。

　　遷村難有成功之例，乃在於要給到多少優惠還可以不破壞社會公平性的問題，只有特殊手段才可能做好特殊的事情，而且最好在大災變現場還很鮮明的時候來做，說不定還有難得的成功希望。相對而言，遷村規劃在八八水災中，雖有文化差異與想回原居地重建的爭議等項，但基本上算是

成功的，很不容易，其理由值得好好比較研議，以供後續處理重大災害之後離災政策的參考（廖振樺，2019）。其中一個原因可能是921時提供的是臨時組合屋（所以目標仍是回到原居住的地方），八八水災重建時提供的則是避難屋、中繼屋與永久屋，而且原來的居住地已經很難再回去，所以災民比較能做出離災遷村的考量。遷村也與當下的災害嚴重性有關，如神木村撐得過賀伯、921、桃芝、與七二，沒有完成遷村計畫，但撐不過八八，現在已形同撤村。

桃芝風災與四大流域整治

2001年7月30日桃芝（Toraji）颱風重創花蓮光復鄉，與南投信義、水里、竹山、鹿谷等地，災害真的發生後，沿陳有蘭溪（信義、水里）與東埔蚋溪（鹿谷、竹山）兩處最為嚴重，死亡逾兩百人，有的屍體被沖到濁水溪滾滾洪流中，一直到出海口，海軍搜救隊尋獲後還要作DNA鑑定，才知道來自何方。後奉總統與院長指示，重建區之風災搶救及重建工作由921重建會負責，並指定我擔任第五作戰區救災指揮官。重建會在7月30日成立救災指揮中心，由我任召集人，吳聰能副執行長、十軍團賴宗男中將副司令及南投縣賴英芳副縣長擔任副召集人，公共建設處黃文光處長擔任執行秘書，吳崑茂主秘則打點內外，每天下午5點起召開各政府單位及國營事業單位（包括台電、中華電信、自來水公司等）協調會議，馬上處理風災所造成電力、電訊、用水、交通中斷之「孤島效應」，利用已建立之GIS系統、微分區圖與航照圖，在指揮中心調度各單位進行緊急救災與復原工作，歷時兩星期才算底定。

❶ 桃芝風災。（黃文光／提供）

❷ 桃芝風災。（黃文光／提供）

桃芝過後國軍以流籠幫帶同富國小學生，橫渡陳有蘭溪。（廖維士／提供）

將要完成救災的前一個星期六與星期日，邀｜軍團賈輔義司令、賴宗男中將副司令、賴英芳副縣長等人，分別走一趟竹山—鹿谷段與水里—信義段，以了解整個進度，沿途大石處處，土石墊高了河床，國軍分別在蕭師長與黃旅長指揮下，井井有條的做清理與消毒工作。賈司令在桃芝剛發生且截斷出多處孤島時，即在水里、信義孤島區，在未熄火等待在旁隨時準備起飛轟隆作響的直升機聲中，在一堆爛泥中，單腳屈膝向總統作簡報，說明國軍的救災推進狀況。

　　很多人希望桃芝能比照 921，適用暫行條例的規定，亦即要求修法增訂「在暫行條例有效期間，重大天然災害若認定與 921 震災有相當之因果關係，災區災民、產業，與公共設施之安置與重建，得比照 921 暫行條例辦理，其經費另由行政院編訂」。修訂後因擔心排擠 921 重建預算，也擔心 921 重建區外災區要求比照，因此採折衷方式，只在公共設施之復建上予以比照，其他部分則難真的比照。所以在全流域整治以及坡地／林地整治上，即由 921 特別預算之工程節餘款、註銷／刪節款中，專案報院核定後予以支應。至於風災慰助金（死亡、失蹤 100 萬元）、優惠貸款（350萬，前 150 萬免息）、舊貸款本息展延等政策措施之比照，則難以獲得同意。

　　桃芝過後，信義鄉陳有蘭溪上十幾條橋梁無一倖免，要不要原樣加強修復？沿溪的新中橫（台 21）要不要全面修復？這是要花大錢的，因為有不少大跨距的長橋，像神木村前一陣子才修好的新橋也禁不起考驗，隨波而去。新中橫路基流失柔腸寸斷，沒想好就重做不只花大錢也不能有保證。以此地賀伯颱風之後才四年就又見桃芝，若三、四年再來一次類似規

模的，又要再斷一次。最好的策略就是先以簡便方式通行，再分階段修復，既可達到運輸目的又算安全，至少可省下一些錢先來做信義鄉的其他重建工作，等經費較為充裕時再逐步加強。揆諸本地三年後再來大水，五年後又來一次，十年前發生八八水災時，更不能倖免，可見當時的階段性做法是恰當的應行策略。

底下附圖係今年（2019）七月底，從信義鄉風櫃斗與新鄉村之間山上，往下照台21新中橫段，可看出陳有蘭溪長久以來，並歷經賀伯、921、桃芝、七二、八八，運送大量土石流，在扇形沖積下形成壯觀的河階台地。但美景之中暗藏凶險，紅色橋段應是新建，周圍民居更需時時提防。

在土石流、邊坡與流域整治上，應有單位負責整合。過去依高度各有所轄，最高的由林務局負責，邊坡為水保局，道路為公路局，道路與河流之間由縣市政府負責，河流為水利處（水利署）掌管。惟大規模之整治需全面一齊辦理方能奏效，每人只負責一小部分是成不了大事的，所以在桃芝風災後的 2001 年 8 月，由 921 重建會大地工程處的潘明祥與楊偉甫主催，開始啟動四大流域整治方案，由我主持多次會議，各單位覺得這是治本方案，於是請各部會署分工整合規劃，分濁水溪、大安溪、大甲溪、烏溪四大流域帶開工作，於 2003 年 2 月 15 日終於提出聯合治理規劃報告，分 2003 ～ 2007 年度進行，總經費近 180 億。這是一個上中下游聯合整治的計畫，一口氣又規劃了四個重要的大流域，大概是台灣水利史上第一遭，參與的單位也很興奮，充滿熱情。但一方面拖了一段時間才送院核定，立法院通過後又有相關作業要做，這一拖就到了 2005 年，經費縮水為 57 億，已是七二水災之後了。

台 21 線上陳有蘭溪的美麗與哀愁。

陳有蘭溪上風光暗藏凶險（細部放大圖）。

該慢不能快的古蹟與歷史建築復原

前已提及，中橫台八與台八甲線之整治，以及桃芝風災後陳有蘭溪十幾座斷橋之修建，是該慢不能快，應先好好想清楚再來決定該怎麼做的經典例子。它的原則很簡單：等邊坡與流域穩定後，再來研擬可行的修復計畫。

另一個該慢不能快的例子，則是古蹟與歷史建築的復原。921後有43棟古蹟與206棟歷史建築待修復，但在一般工程進度已逾95％時，古蹟與歷史建築的修復進度只達30～40％，拖了一年多，所編的29億預算不容易下得去。古蹟與歷史建築修復在預算面上並無問題，而是相關文化資產保護法令不足等因素，造成錢經常下不去的後果，其困難包括有：

1. 許多受損歷史建築的所有權人想拆除，被列為古蹟的則要求政府解編。
2. 原貌修復耗費大，且需古工法原材料老匠師，沒一樣簡單的，應先排除政府採購法之一般限制，賦予更大彈性。
3. 古蹟與歷史建築常為祖先共業，難以整合意見。
4. 歷史建築泰半為私有建築，政府經費難以給下去。該一困難已在修訂後的暫行條例中有所突破，可給私有歷史建築獎助補貼。
5. 容積率移轉不夠優惠，但這是文資法的規定。

也不是每件事都一定要那麼慢，像集集線鐵道因有運輸功能急著要恢

復，而且有像「集集鐵道文化協會」理事長張學郎這麼熱心的人，因此雖然歷史建築集集火車站幾乎全毀，靠支架撐著，而鐵道則嚴重扭曲變形，卻能在 2001 年 1 月即恢復通車，這是 921 重建史上的大事。

921 後共辦理了 129 件古蹟與歷史建築的修復工程，其中一級古蹟鹿港龍山寺、二級古蹟霧峰林家花園，與三級古蹟員林公園內的興賢書院，最受矚目，尤以林家花園最具戲劇性，因為它規模最大而且才花不少錢整建完成，卻在一夕之間毀於一旦，只剩下景薰樓的牌樓。霧峰林家下厝武將在清朝成就功名時在臺灣的地位，正如臺灣總督府在日治臺灣。這裏曾是林獻堂向梁啟超請益臺人如何在日本殖民統治下翻身的地方，協助蔣渭水與蔡培火成立臺灣文化協會的後援基地，籌辦台中一中的前身臺中中學校，也有文人往返穿梭的櫟社。假如古蹟應有故事應有一個斷代歷史，又曾經介入社會主流活動，則霧峰林家花園再怎麼嚴重受損，還是要想辦法修復，因為建物或遺跡是表徵人民與社會集體記憶的地方。

但內政部在剛開始時，心裏想的是古蹟應該是有留下來的才算，何必多此一舉全面修復？這一點與重建會有很多概念及實務上的衝突。後來在監察院（如黃煌雄與馬以工委員）的嚴重關切下，才提出修復方案，但在 2002 年 4 月 9 日內政部卻逕行公告相當大範圍的解除古蹟指定，震驚了文化界。之後在同年 7 月 1 日又宣布重新恢復霧峰林家建物為古蹟，並正式由文建會編列 6.5 億元復建。時至今日，霧峰林家各項建築已陸續完成重建，回首當年已歷相當時日。

最急迫也最難的住宅重建

921 地震究竟倒了多少房子？假如在都會區發生，這個數字應該很早就可以無異議的算出來，但在中部災區就不是一件想當然耳的算術問題。依據內政部建築研究所以門牌數統計的算法，截至 2005 年 6 月底（這是暫行條例到期後再延長一年的期間），全倒住宅單元為 38,935 戶，其中個別住宅約兩萬七千多戶，集合住宅 162 棟（含五層樓以下）約一萬一千多戶；半倒戶為 45,320 戶。全倒戶已完成重建 20,721 戶，施工中有 11,125 戶，已核貸中央銀行優惠購屋貸款者有 10,042 戶，合計這些重建與購屋戶數共 41,888 戶，比依門牌統計的 38,935 全倒戶還多。

居住問題是災民最關心，不過也是最難搞定的重建項目。重建初期，政府關心的是公共設施與公共建築的回復，以及住宅重建的前置作業（如地籍重測、鑑界，與都市計畫變更），這些都是高達兩萬標工程的重心。災民真正心急如焚的則是自有住宅的回復，以及財務壓力（如還舊貸、借新貸款）的紓解，但私領域的協助，除了提供免息與低利貸款外，樣樣還是要依法規行事，縱有暫行條例其幫助亦有一定限度，若大幅更動又涉及社會公平性與政府是否應如此介入之諸多問題，如此一路走一路修才發展出一套可行的優惠機制，但時間已拖延甚久。

921 災後最急迫的當然是災民的居住問題，但問題也特別多，可以從災盟在 921 一周年時重提的七大主張中很快看出端倪來：

1. 以地易地，政府包辦。

2. 傳統社區由縣市政府公辦更新重建。

3. 建公屋，以出租方式安置弱勢災民。

4. 社區毀損判定爭議，由中央限時重新鑑定。

5. 補助半倒社區公共設施修繕。

6. 代位求償。

7. 遷移安置土石流區災戶。

這幾項主張大部分都言之有理，但不一定有辦法做到。早期規劃因有神戶市震後建大量公屋的例子，確曾考量過建公屋，但因 921 災區大部分在農村，且當時中部空屋多，國宅又無出租政策，就未積極推動公屋建設，以災民自行重建為主，所以等到日後覺得興建少數新社區也無妨時，已為時過晚，乏人問津。以地易地的政策確有實施，但窒礙難行之處甚多，成就有限。第 4、5 兩項皆已做成，且再補助半倒集合住宅本身修繕補強經費達 70％之多。第 7 項涉及困難的遷村問題，災民意願才是最重要的因素。

至於代位求償，就像要求政府幫災民支付舊貸款利息或概括承受舊貸款一樣，並不可行，國際上也沒見到那個政府可以這樣做的。「代位求償」意指房屋（尤其是集合住宅）倒塌的災民，先由政府給予合理金額以彌補其損失，再由災戶授讓政府權利，由政府代位向建商（或其他依法應負責任之人）求償。該一主張雖有其立意基礎，但法律專家指出顯有不合理之處：

1. 受災戶與政府間，並無私法上之權利義務關係。

2. 房屋倒塌不一定都是因為建築設計、施工、監工之不當而產生，尚有地震過度巨大下之不可抗力因素。

3. 往例並無政府代位求償之例，在社會資源分配公平性與適當性上，難以合理化，且破例之後將有層出不窮之類似案件，公權力介入私權爭議的後果需要考量。

4. 政府在事先計算給予受災戶的相當金額上，非常困難，災戶求償範圍與法院審理終結判定之賠償金額難以一致。

所以不如由民間法律諮詢機構或消基會替災民代打集體訴訟，更為可行，政府可在這方面多予協助，另外則是在貸款與社會救助上幫助解決才是正途。

平心而論，此次住宅重建的困難，反映的其實是過去法令與土地建物處理上所潛藏的問題，只不過大地震將這些問題集中大量的暴露出來，一時之間弄得手足無措而已。住宅重建最大的困難厥在土地與產權，包括地籍重測釐清產權、集合住宅住戶合意進行修繕或重建、違建戶（高達兩萬戶）之貸款問題等不一而足。另外還有共有與共業土地、三合院、保留地、台拓地等困難項目的重建，必須修法因應，否則就會卡在那邊。以台拓地為例，這是當年台灣抗日義軍土地，遭日本政府查封（民間說法），或是日本「台灣拓殖株式會社」管理的田地與「公有」荒地（官方說法），政府遷台後被收為國有，稱為台拓地。原居民後代子孫住在這些土地上，連土埆厝亦不得翻修，921 倒塌後要求就地重建就相當困難（因只是承租，並無產權）。

另一困難則發生在經費編列方式。國外政府通常只負責災後公共工程建設，並不那麼深度介入住宅重建，慰助金發放也少很多。921 在緊急命令下追加與移緩濟急的 1,061 億，除給予特別優惠的慰助金與救助金之外，走的是「國際路線」，編列 480 多億做公共工程，與住宅有關的經費只有 56 億，主要用於原住民及農村聚落重建，當然不夠，因為在 921 之後，住宅市場相當低迷，土地不值錢交易困難，而且中部農村地區的經濟狀況一向不如理想，在面對住宅重建時，有諸多財務困窘的難處。後來另編列 1,000 億特別預算，以 466 億成立「社區重建更新基金」，但為時已晚。好在由中央銀行另外提供的 1,000 億額度優惠房貸，條件比國際好很多，以 350 萬的房貸而言，150 萬內免息，150 ～ 350 萬內利息 3％（後降為 2％）。另全倒戶舊貸款本息展延五年（後再延一年），半倒戶本金展延五年，利息除於五年間減四碼外，並展延一年六個月後起付。另外還可依暫行條例於 350 萬元額度內，經原貸金融機構同意後，得以辦理對原貸款債務的抵償（稱之為協議承受，由災損之房屋及土地來擔保），或對原購屋貸款作利息補貼，辦完之後若仍有餘額，還可再申請購屋或重建貸款。

由於住宅重建碰到了太多困難，上面已舉出一些想加速進行重建的主張，包括有代位求償、住宅重建就地合法、政府購買斷層土地，或將住宅重建優惠貸款中政府補貼的長期（如 20 年）利息支出，直接結算一筆送給受災戶當為重建補貼，讓災民拿了錢回去自行處理等等。這些主張都很有創意，若真這樣做確實也能加速重建過程，但問題是與現行做法及法令可容許的彈性差別很大，在政策上不可能率爾答應執行，只能在不違背防災功能之本意下，儘量降低重建的標準與要求，並給予更大幅度的補貼。

住宅重建的難中之難

住宅重建中最難的是集合住宅。原統計為全倒 110 棟，半倒 152 棟，後來將五樓以下公寓也計入，又有全半倒戶申請重新鑑定與有糾紛下的最終鑑定，最後修正為全倒 162 棟、半倒 145 棟，住戶達兩萬戶，約占所有全半倒住戶的五分之一（吳崑茂，2004）。半倒戶因有「921 震災重建基金會」提供 21％，以及 921 重建會 49％的修繕補助，住戶只需負擔 30％，所以大體算是順利。全倒戶若採原地重建，需依《公寓大樓管理條例》，2/3 住戶出席 3/4 同意方可，門檻高，但對住戶少（30 戶以下）的集合住宅較適用，也大部分完成。

若採都市更新，只需 1/2 住戶參加 1/2 同意即可啟動，且有 30％的容積獎勵，門檻較低，但程序繁瑣，共識不易達成，尤以權利變換程序為甚，過去並無成功例子，可說是在 921 時才遍地開花。但門檻低亦有其問題，有意重建者若人數不足，無法在全數土地上興建，可到法院申辦土地分割，在其持分土地上建屋，惟土地所有權人不是那麼容易妥協，迄無成功例子，最後是由震災基金會拿出 50 億與接受重建會委辦的 30 億，基金會以這 80 億來操作，購買不願重建住戶的產權，協助儘速完成都市更新。震災基金會也曾擔心是否在建好後分到太多餘屋，變成特大號的二房東，好在後來住宅市場景氣轉好，脫手賣出並無困難。

住宅重建之前還有很多前置作業要先做。唐飛院長特別在意地籍重測，因為這是建房子之前一定要完成的基本動作。921 斷層破裂逾百公里，土地位移變形，都市計畫道路中心樁及地界位移，改變了原有的土地產權

範圍，致地籍錯置嚴重，部分控制點及圖根點位移或滅失，原來的TWD67座標系統已有偏差，需重新計算為TWD97座標，已無法辦理土地複丈，急需先作地籍整理。大面積土地測量在當初兵荒馬亂時，還以為可在震後隔年3月完成，但在深入了解後才知道事態嚴重，唐飛院長便出面協調聯勤兵工署、土地測量局、院轄市土地測量人員，全力投入，希望在2001年7月前完成。

當時認定需作地籍圖重測的面積達一萬六千公頃，筆數逾13萬筆，可謂是曠日廢時，動員了全國可用的測量人力。但對於受震災影響以致相對位置受到變形擠壓地區之土地，其問題仍無法完全以重測方法解決，因為在這種不正常狀況下，重測後對某些人公平，惟一定會有少部分人吃虧，所以還要配合土地重劃、區段徵收、以地易地等集體開發方法，方得持平。這件大事在2002年12月20日才得以全數辦理完成，重測面積1萬7,077公頃，筆數21萬7,257筆，比原先估計的多出一些，不過出入不大。

另外與土地有關的前置作業，並非來自測量，而是來自人與人之間的問題。測量再慢總會限時完成，人際共識則常遙遙無期，是屬於最難解決的部分，如：（1）災區土地共有、未辦理繼承，及占用問題嚴重。既屬私權，公權力常難以介入，雖已有相關辦法協助，還需大力輔導與協調方能奏效。農村及原住民地區數量不少的全倒戶難以合法重建，皆與此有關。（2）集合住宅及街區重建因地上物產權複雜，重建時的權利變換、分配與責任分擔的共識不易達成。尤其在部分災戶尚有舊貸款，或尚未達成銀行同意協議承受時，在財務條件不良下，更難談好這些問題。部分住宅或社區在既有基地或遷移重建時，則須先完成都市計畫或非都市土地之變更程序，故須有鄉鎮公所、縣市政府與內政部都計委員會的三級聯審，才能有

效完成住宅重建的前置作業。

當上述多項前置作業得以早日完成，便可在已規劃的多元住宅政策上，進行重建與修繕工作。921 住宅重建問題的全盤解決，往往是分階段螺旋狀進行的。先是政府編列大量史無前例的優惠利息補貼，協助修繕、重建與購屋；再來由政府預算與民間捐款（以震災基金會為主），大量補助集合住宅之修繕費用達 70％；最後則是價購不參與重建集合式住宅住戶的產權。雖然一般而言國外政府對私有財產，並未有如此優惠之補助與協助，但台灣硬推，降低各項要求與門檻，大體上還是做成了，勇於任事的公務員最後也很少是因為「圖利他人」而被調查或定讞的。這套做法歷經柯鄉黨、林益厚與丁育群三位副執行長（都當過營建署署長）的規劃調整，可供日後處理重大災難的參考，其重點是政府不要太跟災民計較，有些事真的是肯花錢、降低認定標準，就可做到的。非常時期不能用制式思考，此之謂也。

太子吉第與美麗殿傳奇

921 第一棟未涉訴訟賠償，又能與建商和解重建的大型集合住宅，是有 190 幾戶的霧峰太子吉第，歷經四年七個月，在住戶主委范揚富、921 重建會住宅社區處、太子建設的共同努力下，終於定案原地重建，並在震災基金會與規劃團隊的實質協助下，於 2004 年 4 月歡喜入厝。負責督導住宅與社區重建處的副執行長柯鄉黨（後出任營建署署長，已過世），是有三十多年處理住宅經驗的資深文官，副處長張泰煌雖然身體不好也是全力

以赴，他們曾經做過多次馬拉松式的協調，其中一次從下午 2 點開到晚上 11 點，協助處理重建工作，當時太子建設副董事長莊南田是位心懷善意的佛教徒，出了不少心力來幫太子吉第重建。

這件成功的案例說明，大樓自救會與建商之間剛開始的糾紛與強烈對抗，經過大家的努力，是有可能得到皆大歡喜的結果。但不是每件大案子都這麼順，糾纏甚久難以預見最後結果的，是老台中市的美麗殿大樓。

該大樓最早是判全倒，接著改判半倒，最終鑑定又判可修繕，過程非常複雜，其真正原因在於大樓的不同住戶，存在有嚴重的利益衝突問題，在難有共識、判決正當性又不足時，引發了長久的爭議與訴訟。美麗殿大樓 801 戶中，有 500 來戶是 8～10 餘坪的小套房所有人，買的時候房價近百萬元，他們說不定希望能去申請 350 萬優惠房貸，因此主拆；另外 300 戶當初買的是 40 來坪公寓，多位在一至四樓，房價在五、六百萬之譜，一經拆除損失太大，堅持採修繕。謝志誠教授在震災基金會網站上寫成一篇〈美麗之殿？美麗結局？〉，鉅細靡遺的交代了一直到 2009 年，這個法律糾紛不斷的過程，訴願與行政訴訟逾百次。921 重建中曾發生過樓下判全倒樓上判半倒的經典荒謬例子，就發生在這裡。

我曾在兩個場合，親身經歷了美麗殿的威力。一個雷陣雨的午後，我剛從台北開會回來，在車上就接到幾位同仁來電說，美麗殿主拆派幾十人綁了白布條，到重建會辦公室來陳情，我說就讓我來主持吧。雷陣雨的雨水打進簡陋的會議室，浸了滿間，我們就在水中談判，氣氛詭異，一個人一直站在會場中央，用一對死魚眼足足盯了我半小時。還好當年在台大學

運、社運風起雲湧的年代，也參加與主持過幾場大「戰役」，這點場面還不致七上八下，他們發洩完情緒也就走了。

還有一次與柯鄉黨副執行長一起到美麗殿現場協調，同行的還有謝啟大立委，她熱心的站在可修繕這一邊，後來還主張修訂暫行條例條文，以便提供法源可以再作一次最終鑑定。一到現場就形同被兩派住戶挾持，主拆派在我左耳喊「拆」，主修派在我右耳吼「修」，不得安寧達半小時以上。美麗殿大樓坪數小與坪數大住戶意見完全不同，一為拆除一為修繕補強，從他們在中興新村與現場反應之激烈強度，沒經歷過的人，還真不知道事情會有這麼麻煩。這種混亂持續很久，在我離開重建會之後，他們還在吵。

這件糾紛的癥結在於原先曾宣布為全倒，但加註「技師之間有意見不一致者須做二次鑑定」，後又發放慰助金 20 萬（全倒的金額），卻又要求受災戶簽切結書，若未來改判半倒（可修繕），需退還十萬元。後來二次鑑定以無法解密的文件判決半倒，但說明只是給台中市區公所參考。台中市美麗殿大樓經最高行政法院在 2006 年 3 月判決「可修繕」，將全倒判定改為半倒，並要收回溢領的十萬元慰助金。該案纏鬥經年，小套房與大坪數兩類住戶惡言相向甚久，改為半倒後之修繕費用，仍有 70% 可獲921 重建會及 921 震災基金會匡列下來之挹注。這件事最後終於走上最終鑑定，後來最終鑑定可修繕，住戶大會又決定要拆除，組都市更新會，但對想修繕的住戶而言，這是違反最終鑑定之精神的。所以後來再協調發包修繕，現在依據台中市政府都發局 2016 年的說明，是屬於自辦都市更新處於靜止狀態的案件，但有房屋仲介買賣之事實，可說一定程度解決了這

20 年後的美麗殿。
（黃文光／提供）

段公案，暫時將美麗殿傳奇告一段落。

斷層與禁建

　　台灣一般而言，並未針對斷層畫出禁建範圍，主要是因為主活動斷層線至少三十幾條，太過紛雜，而且老斷層亦難明確定位，還有是擔心在房屋買賣市場上順了姑意逆了嫂意之故。921 斷層線則在左右各 25 公尺內禁建，主要是新斷層易確定也廣為人知之故，該做法與美國加州在 Loma Prieta 之後所為相同，因為 St. Andreas 與 Hayward 斷層較為明確之故，但舊金山與灣區諸多道路與地下鐵（BART），仍在斷層之間穿越。日本神

戶地震後，雖斷層線明確但仍未禁建，乃係當地房地產太過昂貴，不敢實施禁建之故，所以日本同行得知台灣做法之後，羨慕之至。

但禁建總會傷到土地所有人權益，因此就有人主張下次發生在同一斷層的地震縱使再來，也應在百年之後，而且不一定會發生在同一條線同一位置上。但這些主張皆難有科學根據，站在防災觀點難有說服力。於是有立法委員提議，既然如此，政府何不出錢買下斷層帶兩側，當為公園綠地？惟政府已積累太多該類未使用的土地，一旦同意恐所費不貲。台灣的問題是當你破例買下這一件後，後面就有幾十件等著你，而且還會再製造幾百件讓你處理不完。所以若能想辦法公布幾條主要斷層帶應注意地段，而不致引發太大的政治效應或傷害太多人權益，並作適度付得起的補貼，恐怕才是根本解決之道。

重建新價值與願景

在重建時，各種功能的復原是最原始的出發點，在此過程中牽動了政府與民間的合作，當各項功能的復原逐漸達成時，地方與社區的自主力量開始崛起，希望能走出一些願景，其中最有特色的是社區總體營造。以南投為例，大家豔稱的埔里桃米社區、魚池大雁村澀水社區、鹿谷小半天、中寮和興村與龍安村、水里上安社區、集集車埕等，其實並非社造點的全部，但它們確實帶動了社造與觀光業的結合，意外的造就出災區的酒莊與民宿產業。

921 重建所發展出來的新價值與值得稱道的願景，不是只有社區總體營造，還有防災社區、自然與生態工法、地質／環保／生態教育、國土保安、生命教育、新校園、政府與民間協同重建、長期蹲點式的參與及記錄等項，都是在 921 後在中部災區逐步且具體發展出來，而非只是口號式的概念而已，應可供國內有心人士參考。這裡面有很多項目，其實已在國內推動有年，如社區營造、生命教育，與志工運動，但真正開花結果是在 921 重建過程中發展出來的，甚至還被稱為是台灣志工元年。自然與生態工法之大量使用，則係在青山綠水中進行整建，被認為是一種相容又有積極性的工法，這不是一種新的工法，也不是能夠取代其他須特別注意安全品質的工法，但卻是一個已被忘掉很久，可以在此時此地大量運用的工法。

　　由此可知，創新是來自需要，假如沒有需要，所謂創新經常淪為聊備一格，這與經濟學上所講經由供給推動需求的市場概念，顯有不同。921 災後，社區殘破、生命凋零、山河破碎，在在都需要有人長期蹲點與社區居民共提新願景新價值，互相鼓勵，因此過去曾經有過的想法與做法，都被拿出來檢視，一一用在有需要的地方。

　　我們關心的是，這些具有創新與理想性的作為，時至今日還有多少仍是運作良好的？以學校重建為例，293 所重建後的校園美輪美奐，早已成為國內外參觀的地標，但我們最怕好不容易建設出來的一流校園（硬體），卻換來二流的管理（軟體）與三流的學習（精神）。同理，原先推動的 60 個社造點，現在仍有效運作的有沒有過半？社區意識與在地活力是否還欣欣向榮？

48

志工、蹲點，與未來社區遠景

921 重建時，志工與蹲點工作的貢獻相當重要，促成了社區生活秩序的回復及活化、協助推動社區總體營造、促進中小學生多才多藝與良好的人際互動，而且激發了重建過程中對未來願景的豐富想像，最終讓這些想像與期望成為「自我應驗的預言」（self-fulfilling prophecy），亦即由於大家嚴肅對待這些預言，從旁一直鼓勵促成，於是一步一步讓這些美好的預言終於成真。

一百三十多個在地工作團隊是形塑社區重建願景，並提出新價值的靈魂人物與團隊。我們從 2000 年 12 月 29 日開始，在東海大學召開「震災災後重建問題探討及民間工作團隊經驗交流研討會」，原則上每三個月開一次，會中凡有決議就予列管，由 921 重建會來總其成。其中全國民間災後重建聯盟（全盟）比較特殊，規模也大，召集人是李遠哲，執行長先後是瞿海源、謝國興等人。全盟後來也擴大影響，衍生出台灣社區重建協會（台社協）與台灣原住民族部落重建協會。台社協由盧思岳等人推動，盧思岳後來乾脆就住下來，在石岡開民宿。至於在災區重建中很出名也貢獻良多的謝志誠，則是負責 921 震災基金會（由政府收受之民間捐款成立）之常務運作，擔任執行長。後來在埔里經營桃米社區與紙教堂非常成功的廖嘉展，則是新故鄉文教基金會的 921 民間重建操盤手。

重建建築的新價值

謝英俊在協助以邵族為主發展部落建築時，提出以較便宜的強化輕鋼

構建材，結合原住民出面協力造屋的革命性做法，獲得一定程度的成功，後來在中國汶川地震時也利用同樣想法做出規模更大的貢獻。在學校重建上，不只催生出從未有過的，大宗教團體出面主導大規模的援建校舍，政府部門也以從未有過的革命性方式重建校舍。

民間住宅與社區的重建，帶進了很多新工法新概念，形塑出來的迷人風貌，已遠遠超過過去傳統農村建築的樣態。至於公共建築的格局已具國家級水準，如建在霧峰光復國中小校園內的 921 地震教育園區，沿車籠埔斷層而建，將實際地景保存在新建物之內，而且以強化方式保留光復國中倒塌校舍，在科博館的專業經營下已成觀光景點。

最能表現 921 重建特色的是社區總體營造，社區營造過去雖已在文建會與內政部推動下進行多年，但一直缺乏強烈的動機去做好這件事，以致從未真正開花結果過，但在 921 重建開始後，因確有需要，參與協助的民間團隊熱情與耐心無限，亦有日本的大規模前例可供參考，因此一呼百應，稱之為「台灣社造元年」。這種現象也發生在生命教育的推動上，過去教育廳與教育部推動生命教育也有相當時間，但在教材開發與體驗教學上成就有限，真正大規模有效推動生命教育也是在 921 震後，因為學校師生開始對生命有了第一線的接觸與體會。

921 重建會由時任政務委員的陳錦煌醫師負責社造業務，底下有一個社區總體營造巡迴小組，與地方及團隊發展出良好的關係，在第一線全力推動的，則是本事高強的民間團隊。921 的社區營造，是台灣有史以來最大規模的民間營造大事，在埔里成功的社造至少有聞名全國的桃米社區，以及由組合屋轉型的菩提長青村，這是一個類似長照的老人活動自力生活

中心。隔壁則是魚池鄉大雁村的澀水社區。水里集集中寮與竹山鹿谷等地則各擅勝場，如水里上安社區、中寮和興村與龍安村、鹿谷小半天等，中寮和興村曾有很長一陣子表現不凡，可惜後來沒有人好好接手。真正能重現客家硬頸精神的，則是台中縣的東勢、石岡與新社，它們都是社區總體營造的重鎮，不再贅述。這些地方很值得在 921 二十周年時，一起拿來做個比較。

不確定狀態下救災與重建的決策經驗

921 救災與重建過程歷時良久，2000 年 2 月 3 日頒布的重建特別條例有效期間雖然訂為五年，但又多延一年，結束後又拖了一陣子才吹熄燈號，可見政府、民間與重建區的互動規模相當大，更是國家政務與地方政府業務的重中之重。雖然我經常喜歡調侃台灣這種地方，是典型的防災不力救災內行，但我這次發現大家從 921 的救災與重建過程中，真正學到了很多如何在不確定狀態下做決策的經驗及教訓，包括救災重建與防災在內。底下選擇若干比較具體的臚列如下，以與本文及本書相關各文互相呼應，並表示前事不忘後事之師的意思：

1. 在學校重建時，是先清除倒塌房舍或等待司法調查釐清責任後再清除？正確做法應是除非確有必要留下少量以作證據保全之外，應全部清除，否則依台灣冗長的訴訟程序，將不可能進行學校重建。

2. 全半倒的判定常引起爭議，依據各方專業意見應改為以「可修繕」與「不可修繕」當為判定標準，且不應由村里幹事或地方政府主管決定，應回歸工程專業。在過去即曾發生過在同一棟建築中，一樓判定為「全倒」，上面樓層竟判定為「半倒」的荒謬情事。

3. 桃芝風災之後，新中橫（台 21 線）要不要全面修復陳有蘭溪十幾條橋？以該處若干長跨距橋梁而言，需檢討該地之土石穩定狀況與土石流侵襲頻率及嚴重度，再訂修復策略。若在未訂定流域整治策略之前，就輕率的投資修復，於事無補。921 重建中的中橫台八與台八甲線如何修復，亦應作相同考量。

4. 廢縣與遷村假如未經詳細計算並作配套，一定行不通。尤其是廢縣（包括在廢縣後封山，等待穩定後再說）的提議，根本不可行，不應跟著起鬨。

5. 「住宅重建就地合法」在政策上不可能如此宣布，只能儘量降低重建之標準與要求，但不能違背防災功能之本意。

6. 主張先概括承受災戶舊貸款或損害（尤其是針對集合住宅），再代位求償的講法，既違背現行法令，亦無國際實例可循，不可行。

7. 政府買下斷層帶附近土地，買下住宅倒塌清除後之空地的提議，過去未能實施，但並非不可考量，日後應可研究其可行性。

8. 可否將住宅重建優惠貸款中政府補貼的長期利息支出，直接送給受災戶當為重建補貼？該做法不符優惠貸款之政策原意，政府是否宜直接補貼私有財產的住宅重建亦待釐清，惟可進一步研究是否由民間捐款，或政府專案委辦民間基金會的方式予以補貼。

9. 震後對震災與土石災害防範之見識有明顯提升。以學校重建為例，

首先提高防震係數，如在震前的建築規範是抗 0.23g 的震動，震後建築規範調升為 0.33g，有些學校再自行加強 25%，也就是 0.41g，該數值表示可以抵抗多少重力加速度的晃動。但是除了強化防震係數之外，學校重建時更應該儘量改採 U 型或 L 型建築以強化相互間的支撐、視需要採用 SRC 及筏式基礎，以及在兼顧通風之下防範發生短柱效應等，這些新觀念與新做法，都可供全國學校建築做耐震補強之參考，雖然不一定每個地方都要採取這麼高的標準。

10. 在 921 的土石仍未及清理未趨穩定下，加劇了後續災害的嚴重性，如桃芝風災與 921 之間即存在有具關聯性的災害放大效應，因此有必要進行 921 廣大災區四大流域的聯合整治方案，以避免日後來襲災害將會產生的放大效應，這是一個重要的防災與治本工作，值得推廣到其他流域做聯合整治措施。

11. 長期的地震定點定時預測目前雖仍無法做到，但利用 P 波與 S 波傳送速度之差距，已建立國際先進的預警系統，應可在破壞性最大的 S 波來臨之前，掌握數十秒之餘裕，對關鍵性設施（包括高鐵、手術房）之緊急因應，與人口密集區之疏散，有相當幫助，政府應投入更多資源開發，以減少災害損失。

12. 921 震後不只提高建築規範與安全標準，整個建築風格與居住或使用功能在震後亦大幅提升，表現在重建學校、公有建築、社區總體營造，與一般住宅的重建上，已將鄉村級的建築提升到國家級的水準，但硬體的升級不表示軟體營運也具有相同水準，應再加強做總體改善。

13. 災後重建處理的經常是人性問題，而不僅只為是非問題，但應有適

度轉型，否則若一直受困於災民經驗，將難以在生活上與公務處理上回復常態，而有違重建本意。

震後的經驗應繼續在這些基礎上提供給後來者學習，正確詮釋這段記憶與經驗，並提醒社會避免漫不經心的遺忘，應該要牢牢記住黑格爾的警世名言：「經驗與歷史教導我們：人們與政府從來不曾從歷史學到任何東西，或在歷史所演繹出來的原則上做出行動。」只要大家不想遺忘，歷史的教訓應該就是：歷史從來沒有放棄過不想遺忘的人！

- 吳崑茂（2004）。《見證921震災重建》。台北市：傳文文化。
- 黃榮村（2009）。《台灣921大地震的集體記憶：921十周年紀念》。新北市：印刻出版。
- 廖振樺（2019）。《重建心路：九二一地震與莫拉克颱風災後重建比較》。台中市：隋乙萱。

史無前例的 293 所學校重建

　　針對校舍的倒塌，常有要求先釐清與追究責任情事，在學校重建之前就有所謂「豆腐渣工程」的類似說法，認為為何旁邊的房子沒倒但鄰近的校舍卻倒了，難道不需追究責任？於是就有先清除倒塌校舍，或等待司法調查釐清責任後再清除這兩種做法的爭議。

　　但是整個學校重建的規模如此巨大，假如每間學校校舍都先追究責任完再重建，則依台灣冗長的訴訟程序，將不可能再進行學校重建。除此之外，這種涉及校舍是否位於斷層所通過路線上的致命位置，或者是否地震災害太過嚴重，以致校舍難以抗震之類的判斷，還要在這麼多個案中依過去校舍的抗震標準，一一先釐清誰該負多大責任，之後再來慢慢想如何重建，這些一連串的過程，聽起來就是一件不可能的任務。正確做法應是除非確有必要留下少量以作證據保全之外，全部清除，馬上展開重建才是正辦。

先從光復國中小說起

前光復國中小旁邊風韻猶存的光復新村,是過去省府的員工宿舍,921震災之後,光復國中的一字型校舍被車籠埔斷層垂直穿過,又無兩側建物可資支撐,大部分倒塌,光復國小雖然斷層穿越校區,但離開校舍一段距離,故無損傷。這兩間學校該如何處理如何重建,光復新村的居民有很多意見,因為學生中很多是他們的子女,我與同仁還與他們有過幾次互動。

這件事需要花時間來想像來規劃,而且不只是建築師與營造廠的事,參與的慈濟、TVBS基金會、教育部、台中縣政府、921重建會與地方關係人士,都花了不少時間討論,終於決定讓光復國中小遷地重建,並請邱文傑與莊學能兩位傑出建築師在光復國中小校地上,斟酌兩校的地質與校舍特色,構築921地震教育園區,在保存與展示操場斷層並留住倒塌校舍之基礎上,建造了「車籠埔斷層保存館」、「地震工程教育館」,與「未來防災教育館」。後來邱文傑與莊學能因為這件921地震教育園區的作品,獲得多個獎項,包括2004年的台灣建築獎(台灣建築師公會)、2007年的第三屆WA中國建築獎,與2007年的第六屆遠東建築獎傑出獎。

我將底下所附的三張照片合併再看一次,覺得這真是令人驚訝的組合,居然能在大家努力下完成,雖然時間已經過了這麼久,而且當地震園區大致完成時我已不在重建會,心想假如每件事都能像這樣有想法有目標的逐步做出來,一路做一路修,縱使慢一點,但以今之視昔,有差那麼一點時間嗎?不過這套慢活的理想,在當時的災區還真有點行不通,光復國

中小的重建與地震教育園區的新建，之所以到今天還被津津樂道，大概是因為走出了一個大例外，而且也因為獲獎連連增加了敘事的傳奇性所致。

學校重建在爭議中走出新模式

災區中各種重建事務，沒一樣不急的，但是學校重建則為重中之重，因為災區的小孩眾多，讓小孩能恢復上學絕對是災後重建中最重要的一部分。但是在這時發生了政府負責的學校重建，在效率上被廣受批評的大問題，政府部門真的要卯足全力來搞定這件事。

國際獅子會總會認養的集集鎮永昌國小，以不到100天的速度於2000年4月27日完成重建，是第一所災後重建完成的學校，對政府主辦的學校重建形成極大壓力。陳總統指示災區學校重建需在921周年前發包，惟社會有不同聲音要求兼顧品質，之後由重建會協調三批發包，分別在921周年前、10月底、11月底前，但完工日期皆押在2001年8月底之前。事實上在2001年1月3日時，政府自辦的仍有39所學校尚未發包，遑論完工，當時的行政院張俊雄院長還要求徹查失職責任。2000年6月15日監察院通過糾正教育部，對於921地震造成的校舍毀損，未能即時主動協商相關單位明訂蒐證辦法，以致校舍拆除後檢調單位無法完整蒐證以查明有無偷工減料情況，顯有違失。真是屋漏偏逢連夜雨。

當民間認養共108所的倒塌學校中有些已經重建完工時，政府負責的185所卻無一間動土興建，足足慢了半年以上。政府受到採購法的規範，招標慢個3～5個月是合理的，但陷入這種奇慢無比的困境，卻是逃不過媒

小小勘災者與光復國
小拱起的操場（右方
為上盤）。（洪如江
／提供）

逆斷層切過光復國中
校舍，現在是地震教
育園區的展示建物。
（洪如江／提供）

霧峰的 921 地震教育園區。（國立自然科學博物館／提供）

體與民意機關的敏銳觀察，當然是一陣撻伐。行政院長與總統開始詢問，
語氣也不怎麼友善。唐飛院長在 2000 年 7 月 1 日嚴詞責備政府的國中小
與高中職重建「零績效」，要重建會與教育部好好向慈濟及台塑學習。陳
總統同月則要求在 921 周年前，教育部負責的學校應予發包，以免學生繼
續在悶熱的簡易教室上課。

　　很多專業建築師以品質為重，希望不要因趕工之故，依循過去傳統公
共工程低價搶標，建出平庸校舍的做法，期期以為不可匆促進行。這真的
是兩種想法兩種心情，但大家都忘了，縱使後面講法應受尊重，也是慢很
多差很大，何況民間雖速度快，建得也不差，這裏面一定有系統性的原因，
需找出突破性的做法。張俊雄院長在 2001 年 1 月舉行的「2001 年 921 災
後重建總檢討會議」中，又再度點名說要辦人，更有人落井下石，怪教育
部推新校園運動、遴選優良建築師、採專案管理（PCM）、審設計書圖、
採最有利標等措施，致使施工期壓縮、核定經費緊、廠商意願低、造成流
標多。

　　學校修繕與重建規模大，共約三百來億經費。教育部原核列 135 億，

民間籌 80 億，重建會後又補加近 40 億的民間委辦經費，之後尚有部分追加。學校要修繕的近 1,500 所，是比較容易作的部分，全倒要重建的 293 所（實際建 292 所，其中一所合併）大約分配如下：教育部負責 63 所，其中亞新工程作 PCM 的有 22 所，營建署援建 41 所；地方政府及學校自辦 122 所。其餘 108 所則為民間認養，包括慈濟 53 所，台塑 15 所，紅十字會 11 所，台中農田水利會 10 所，餘不列，其中還有台北美國學校與日本兵庫縣各援建一所。

　　事後想來，各級政府負責重建學校的進度會那麼慢，與兩個因素有關。其一為早期的重建會解散之後，缺乏統一窗口，諸事蹉跎無人嚴格控管，多少要為這延遲的半年負點責任。其二則是教育部在遴選優良建築師時並無問題，但在推動專案工程管理與援建時，在營建署部分出了問題，在推最有利標部分則延遲不發，也有責任。但這些都是已發生的事，怪責也沒什麼用，徒貽伊戚而已。

　　我看情況不行了，在 2000 年 7 月後就開始危機處理，先要協調營建署同意援建並加速遴選建築師，準備書圖，推動最有利標。教育部非工程專業機關，以前泰半讓學校自行辦理，現在要集中自己統籌，確實是力有未逮。但營建署則非學校重建之主管機關，他們並無義務也無意願來負這個責任，所以必須介入協調。另外要與公共工程委員會協調可採最有利標（亦即以專業審查代替最低標），以加速政府部分學校重建之進行，並提升工程品質。教育部依慣例難以自由大膽的採行最有利標，因為承辦單位公務員確有恐遭「圖利他人」究責的疑慮在，必須由重建會與公共工程委員會來聯合解套，那時工程會的林能白主委幫了不少忙。921 重建結束後，

一些不符合異質性工程或最有利標精神的駁坎、排水溝等，地方政府竟有樣學樣想走偏鋒，馬上就被檢調盯上。

為了做好上述所提的這些事情，就安排請林盛豐副執行長與公共工程處的王清華建築師（後任公共工程處處長），到教育部與范巽綠政次共同密集邀約相關人員及建築師，商談各項細節，包括合約書與各項設計書圖準則之確定，並要他們把這件事情搞定了，才回中興新村上班。他們懷著沉重的心情離開，在台北一窩就是十幾天，雖然痛苦不堪但終於發現真正問題在那裏。整件事情到了 2000 年年底終於全部搞定，並出版學校重建的分類控管雙週報，作統計要覽，重建進度一目了然，大家沒有閃避的空間。在這過程中，行政院一直想辦人，要我們將該如何懲處的意見送上，之後居然在公文上寫了四個字「不可思議」，意思是說我們居然沒有建議重罰！坦白講，這些事情若沒親身了解，很難弄清楚其複雜性，我儘量妥為說明，也不想做一些傷害可憐文官的事，最後只好自己承擔了。

事情做順了後，進度就快了，而且原來的理想也沒打折，2000 年（民國 89 年）第二屆遠東建築獎就規劃增設 921 校園重建特別獎，在第三屆（2001）與第四屆時即有八件入圍（已施工完成取得使用執照），除了潭南國小（姜樂靜設計）是由大陸工程援建，與慈濟認養的至誠國小（黃建興）之外，其餘六所都是公部門補助重建的小學，包括中坑國小（王維仁設計）、民和國小（林洲民設計）、和興國小（林傳諒）、廣英國小（徐岩奇與黃永健）、富功國小（黃志瑞）、與大林國小（莊學能）在內（參見范巽綠、黃茂德、與劉育東，2003；胡湘君，2010）。但是整群傑出的

史無前例的 293 所學校重建

公部門學校重建，不僅於此，還有很多優秀且各有風格又兼顧校舍功能的校園重建（參見教育部，2003）。

　　重建會的職責是全面的，不能只做公部門這一塊，民間重建學校部分也需關注並予協助。921後教育部楊朝祥部長希望慈濟多認養國民教育學校，慈濟在各方苦心請求下，在293所全倒學校中認了五十幾所，又兼組合屋、簡易教室、救難等，宛如一個慈濟政府模樣，貢獻厥偉。事實上，這些學校重建要用上七十幾億也是很辛苦的，不少慈濟會員與熱心人士傾囊相助，其實是發心咬緊牙根捐獻的。我們認為學校重建（尤其是國民教育學校與公立高中職）本就是政府責任，不宜讓宗教慈善團體承擔太多本是政府應負之財務責任，因此出面協調公共工程委員會，要求同意以認養學校之重建經費總額（而非以個別學校為單位）當分母，只要委辦總經費不超過重建總額的一半，就可以由教育部與特別預算直接聯合委辦給慈濟。好在是慈濟，沒人覺得這樣做會有什麼問題，否則還是會卡住。

　　以認養學校的重建經費總額，或以個別學校重建費用當分母，兩

具客家聚落特色的東勢中科國小。
（張夫睿、廖維士／提供）

信義鄉潭南國小的布農族美學風格，當時有學生 70 餘人。（洪如江／提供）

南投市營盤國小斜坡道，兼具無障礙空間與逃生功能。（洪如江／提供）

63

者之間有很大差別。以個別學校為單位，則政府出的錢不得超過一半，否則便要公開招標，若公開招標則不一定就是慈濟能夠標到。但學校已由慈濟認養，有的更是已動工興建，而且慈濟建校有其特色工法與特殊品質要求，故若採行只限能公開招標的才補助，或不公開招標就只能補助一半以下的方式，則根本就沒辦法籌足所需經費，而且程序會變得非常複雜。後來經過協調，就依認養學校的重建經費總額（慈濟＋政府）當作分母的原則，由教育部撥補 13 億及特別預算 15 億共 28 億，與慈濟本身認養的五十來億，得以在低於一半的比例下完成委辦程序。之後重建會又以類似模式，委辦十來億給其他認養學校重建的民間團體，來共同完成學校重建大業。

之後我很誠懇的告訴重建會同仁，這種事情是不應該到外面表功的，因為這本來就是政府該做的事情（如學校重建），現在民間與宗教團體在各方懇求下勉力認養，卯足勁去做，經費不夠了政府幫忙籌措一點，可說是名正言順，要換我都會覺得有點羞愧，有什麼好到外面去嚷嚷的，而且若讓民間與宗教機構認為政府怎麼會無聊到來爭功，則公家與民間合作的成效就會大打折扣，更是得不償失。同仁們深以為然，在這件事情上面建立了共識，更不會在媒體上披露，因此在重建期間很少人知道這件事情，現在時過境遷，留個歷史紀錄也是應該的。同樣的，後來負責部分民間捐款運作的「921 震災重建基金會」，在推動都市更新過程中，購買不願重建家戶的區分所有權時，重建會撥 30 億給基金會當作委辦經費，以利購置作業，那時我已到教育部，應該也是仿同樣精神來運作的。

我從這件事獲得的經驗是，慈善捐款最好是用在法令上難以鬆綁照

應的慈善目的之上，如在政府儘量於法令許可下（包括暫行條例的例外立法）編列的協助金額之外，仍有特殊需要救急的慰助與支助、私宅重建經濟困窘下的特殊需求（包括協助清償舊貸款，或直接補助建屋購屋）等項。至於將太多的慈善捐款用在倒塌學校認養上，其實並不妥當，這些應該由政府儘速依法編列經費重建，免得讓民間認養單位左右為難，因為這些工作本來就是政府公部門該盡的責任，民間慈善捐款若能多留一些用在法令尚難通融之處，應該更能發揮支助弱勢災民的調節力量，甚至也可用在校舍重建後，政府經費經常難以涵蓋的軟體或專案教育促進計畫之上。

事後我與一些認養學校的慈善機構交換過類似意見，他們的看法也很值得參考，大約是在兵荒馬亂之時政府部門還沒能很快做出針對性反應，政府部門在編列經費與實際重建上，都不是那麼迅速而且有一段反應落差（如前所述）；受災住民與學校關心孩子的後續教育，急著想找到可以承諾認養的人；人數眾多的捐款人也強烈關心，要儘快看到捐款運用之後的成果；而且教育主管機關與縣市政府也不反對，其實更持樂觀其成甚至請求的態度。在這些因素下，由民間慈善機構與企業出面認養學校，一時蔚為風潮，可說是社會愛心迅速且具體的實踐。所以日後若遭遇類似事件，恐怕還是要循這些邏輯去作改進才對，最好的兩全其美策略，就是政府依其職責所在迅速反應，民間善款因之得以有效用在政府能力與法令未逮之處。

政府負責的 185 所學校重建大部分於 2001 年底前完成，逾 90%，在 2002 年 10 月（三周年後）可謂全部完成，除了鹿谷內湖國小，係經過四年八個月後於 2004 年 6 月 24 日落成，地點在石公坪，本來選定在有水坑

將圖中左方內湖國小遷建到石公坪的爭議性決定。（洪如江／提供）

最後一所重建完成學校鹿谷內湖國小。（廖維士／提供）

更有爭議，一聽就知道這是個不太安全的地方。延後原因主要是在安全性及土地取得問題上，重建會與台大對選址的態度一向保留，雖然後來改到石公坪復校，但一直到現在還是有些專業人士不怎麼認同。這間學校近百名師生，花了八千多萬，恐怕只有921才有這種手筆，不過內湖國小後來變成熱門觀光景點，也未再聞土石災害，是差堪告慰之事。

患難與共的921情懷

呂欽文建築師曾於921十九周年時（2018年9月21日），在《蘋果日報》寫了一篇〈921患難與共的社會情懷〉，文中提及：

「筆者當時以建築師的身分，跟隨重建委員會黃榮村、林盛豐正副執行長及教育部范巽綠次長，參與了校園重建的工作。在那樣的法規混亂、程序交疊、權責不清、分工不明的年代，要迅速的啟動重建工作，是多困難的事。但是所有參與重建的人，憑著善念，推己及人；由重建委員會領頭排除了許許多多在承平時代所謂的疑慮，包括地政、請照、採購、發包等等問題。石頭一個個被搬開，困難一關關的被解決。就以建築設計來說，以選賢與能的大胸襟，運用最有利標的機制，選出有創意有熱情的建築師，更選出績效優良營造廠，然後迅速的、有品質的蓋起了一座座的新校園，開啟了新校園運動的先河。重建成果吸睛到半倒不倒的學校也抱怨沒被列入拆建的名單內。921新校園的成果至今仍被人津津樂道。在921的當下，不只建築，其他各行各業都有同樣值得大書特書的地方。一場災難，最大的回報就是喚回了社會各界真誠相對的心。房子雖然一間間的倒

在地上，人心卻是一個個的昂揚向上！然而，曾幾何時，這些可貴的情懷卻不知都到那裡去了！——921 的社會情懷，那可愛的社會現象，何時能再被看到？是要等下一次的大災難嗎？」

引述這一段文章，是因為在 921 重建時間，有太多令人津津樂道的感人事蹟，包括呂欽文建築師在 19 年後還念念不忘的這段往事，是應該要讓當時第一線的當事人現身說法一下，以表達我們對這群無私熱情建築師的感念之情。但是，呂建築師真正感慨的其實是「921 患難與共的社會情懷，到哪裡去了？」我想，沒有人能夠好好回答這個問題，因為時代變了，社會的當事者也換好幾批了，不過患難與共的情懷真的只能在下次大災難復現？我比較樂觀，總認為患難與共的情懷這個主題，經此一役已經充分展現，921 重建完成後並沒有止息，仍在社會其他需要幫助的地方變奏不停，只不過有時力道太弱有待調整。

台灣歷經移民墾殖、日治與戒嚴，以及民主法治社會的長期發展，早已建立起慈善傳統、宗教信仰與志工蹲點的正面向善力量，時強時弱，以針對災害的因應而言，主要是看災害規模與民間集體呼應程度而定，政府則扮演促進的角色。當這些元素不缺還未消失時，患難與共的情懷隨時有再現的可能。現在社會黨派與意識形態對抗太過強烈，社會不免民粹、公權力也經常媚俗，讓大家一時之間不敢高估正面向善的力量，也難以過度期待何時會再度顯現。但我們身處逆境之中，實在沒有悲觀的權利，更要開大門走大路，監督出一個像樣的政府，以呼應與引導心中仍然澎湃的民間熱情。

幾點檢討與反思

任何事情只要扯到教育，一定不免爭議，教育學校事務的災後重建當然也不會例外，只是看你怎麼做而已。重建工作是需要與時間賽跑的人道志業，尤其指標性工程更要有旺盛的企圖心與責任感來推動。當時有人主張品質為重不能急，這話乍聽有理，我雖了解但不能全然認同。學校不純是建築物，它是有功能的，第一線工作的人看到學生在簡易教室中受苦，回不了自己未倒前的教室，你把一座學校建得漂漂亮亮，但他已經畢業了，對他又有何用？空留下他們一個斷掉的記憶，而這些學生才是真正要被考慮的921小孩。所以品質與效率當然要並重，在民間認養都可做到時，政府實在很難再有藉口，而且921過了都快一年時，在國中應屆畢業生的基測成績中，災區學生成績普遍不佳，更升高了加速學校重建的要求。

行政疏失包括不積極作為、處置失當、能力或擔當不足，政府負責的學校重建比民間慢半年以上，當然有不積極作為與處置失當在內。推動新校園運動、遴選優良建築師、採行最有利標，今日看來都是重建過程中衍生出來的重要新價值，重建後的293所學校（包括政府與民間，其中有兩所已合併，實際興建292所，但習慣上仍稱293所），都已成為國內外的參訪地標，可見學校重建確有令人激賞的成就。惟新觀念新措施若能多作協調，弄通關卡，一定除了品質之外又可兼顧效率，當時重建會是被逼介入政府負責的學校重建，因為那時行政院張俊雄院長整天罵，還說要辦人，他其實是一位難得一見的紳士政治家與溫暖的基督徒，罵人應該只是策略性的，但既然搞成這樣了，重建會只好奉命上線，不過也好在有重建會的

及時介入，否則這件事恐怕還沒辦法那麼快跟上來。縱使這樣催，都還落後民間至少半年，若不這樣催，真不知伊于胡底！至於那時負責的教育部文官要不要做職務調整或負什麼責任，根本不干重建會的事，我們也從來沒有公開表示過什麼意見，讓教育部為難，但在行政院強力要求下，只好依行政倫理規範送上擬處公文，又被批寫為「不可思議」（已如前述），就只差沒說「莫名其妙」！

其實慢的何止學校。古蹟與歷史建築的復建，比學校重建更慢。在2001 年除了先行修復的 6 處古蹟與 15 處歷史建築之外，尚有 37 處古蹟189 處歷史建築還在慢工出細活，其理由更麻煩，需先調查作歷史考證，再依傳統工法與材料尋找匠師提修復計畫，審查通過後再提古蹟修復細部設計圖送審，處處都要依文資法規定辦理。

古蹟與歷史建築修復慢得離譜（依重建會的標準），雖有雜音，但沒有什麼「痛罵」、「辦人」之類的嗆辣語言，其原因可能是真的覺得不能不照古法來，以免搞出個假古蹟假歷史建築來。另一更重要的原因，可能是它所涉及的人少太多了，學校都是「現在進行式」，孩子的教育一刻怠慢不得，拖人一天就是害人一世，誰都不敢馬虎，都用高標準檢視。至於古蹟與歷史建築，擺明的是「過去式」，那就照古代標準吧！

1999 年以來，台灣恐已有一兩百所以上的小學、分校、分班消失了。2004 年監察院建議教育部行文各縣市政府，裁併百人以下小校（全國約有七百多所），每年可省 51 億人事費。但這是 921 之後而非當時的邏輯。併校或裁校表面上看似符合效率，但應看當地狀況，尤其是在偏遠地區與原

活像古堡度假村的中寮和興國小，為全木造建築，已成為假日時拍攝婚紗勝地，2015年併入永樂國小，校舍另作他用。（張夫睿、廖維士／提供）

住民鄉。設一個小學沒幾十人來讀，但沒設，又要走很遠的路才到得了。你說要設還是不設？有人提出可用搭校車或住宿方式解決，但這些小孩年紀這麼小，誰能真的照顧好他們？而且全台小學也沒這樣做。民間認養的108所學校中，不乏有若干小小學校的，但愈是這種學校就愈屬偏遠，民間慈善機構心腸軟，一下子就決定協助重建，花個三、四千萬就像做善事一樣。

在這種氛圍下，政府負責重建的小學校若因受損或倒塌而趁機裁校，

則引起的問題遠大於花費，而且與民間協助重建一比，這像政府嗎！所以就我所知，沒一間棄建的，不管再怎麼小。為了讓這筆錢花的值得，重建校舍往往被賦以社區活動中心與防災中心的功能（現在則加上還可以當為外籍配偶的社教場所），如此一來，不只要建，而且還要花上更多錢！這就是 921 當時的邏輯。

這次除了 293 所學校重建之外，還有 1,500 多所學校的修繕補強，從這些經驗之中，大家首先學會的是提高防震係數，為了提升災後重建的防災水準，建築規範首先配合調整，從 0.23g 調升到 0.33g，有些學校再自行加強 25%，也就是 0.41g，該數值表示可以抵抗多少重力加速度（g）的晃動。0.41g 可能是有點過頭了，但也顯現出若干學校的焦慮之情。有些專家與建築規範則認為，學校因需配合當為災害發生時的社區安全與防救災安置中心，因此可看情況加強 25% 達到 0.41g 的抗震力，但仍應有配合措施，以避免過去單一走廊、短柱效應、老背少、一字長蛇陣、箍筋設計不當與強度不足等問題；另外除了強化防震係數之外，學校重建時更應該儘量改採 U 型或 L 型建築，以強化相互間的支撐，以及在兼顧通風之下避免再發生過去校舍常見的短柱效應等。這些新觀念與新做法，後來都儘量移用過來，依此儘速推動全國老舊校舍的耐震補強，並發展校舍損壞的簡易評估公式，以及提供經濟實惠的補強工法，教育部編列了不少專案經費找了不少專家，作出大規模的改善工作，我轉調教育部後，曾經有幾次訪視過這類專案，相信對學校安全的提升應有很大幫助。

不過，學校重建成效不能只看工程品質與建築美學，還需就其維護

管理（如校園安全、採光通風、水電之開銷），以及功能（如教學、師生互動、社區活動，與防救災支援）等項，作一使用後的評估，才能確認這 293 所重建學校是否皆已步上正軌。有識之士擔心的是，萬一出現一流硬體（校舍）、二流管理（後勤支援與維修）、三流學習（教學與師生互動），那就辜負了 921 期間大家付出的心血（還包括被罵），希望大家一齊來關心。

學校重建整體而言最後都順利完成，很多災後重建的校舍美麗更勝往昔，也成為旅遊與拍婚紗亮點，不過我們最關心的還是當年活活潑潑的學習精神還在嗎？ 災區的學生是否已經從受難的困境中以及外界持續的關心中，學會了比以前更成熟的自處之道與應對進退的行為？學校重建只是硬體更新，在困苦中鍛鍊培育出往上成長的明亮軌跡，則是另外一件更難的工作，令人寬慰的是，他／她們真的做到了。

• 胡湘君（2010）。〈重生廢墟的美麗新世界——921 遠東校園建築獎〉。《原教界》8 月號 34 期，頁 28-31。

• 范巽綠、黃茂德、與劉育東（2003）。《大破大立——遠東 921 校園建築獎》。台北市：田園城市。

• 教育部（2003）。《為下一代蓋所好學校》。台北市：百巨文化。

遊走在災區的集體焦慮與生命的火光

　　台灣的災難緊急動員能力與醫療水準，在 921 時達到巔峰，國軍與慈濟是緊急救援上最突出的國家及民間之穩定力量，各司其職，做出不同貢獻；在搜救與醫療處置上，則消防與救難人員以及周邊的醫療院所，表現可圈可點。在此次經驗中，發現愈近震央死亡愈多，老年人與小孩死亡率高於年輕人，30％罹難者來自頭部傷害，相驗後認定之死因，泰半為自宅窒息與外傷性休克、內出血死亡，顯示多數係在睡眠中遭塌陷壓死。對緊急醫療之需求巔峰在震後 12 小時，持續三天之久。以急救的黃金時間而言，宜速以直升機載送有經驗的急救醫療人員到現場處理，但對嚴重外傷（ISS ≥ 16）需要全身掃描後進行手術之患者，則仍以外送為宜。

　　在後續的醫療恢復上，緊急醫療處所半年內即行撤離，民間診所則迅速恢復功能。偏遠地區依流域系統採巡迴醫療代替診所，以支持兩年為原則。公共衛生災後掌控應屬良好（包括 921 與桃芝），無疫病發生，疾病盛行率控制得比災前更好。就學、就養與就醫較無爭議，符合國際水準；就業較難，雖有以工代賑、永續就業方案，但職業訓練與重大工程應有 1/3

災民參與就業的措施不容易執行。精神衛生部分較差，自殺與 PTSD 的因應較為困難，需從社會經濟觀點建立高關懷口卡，持續密切注意，家戶動態資料在震後也需花時間調查。

災後初期的醫療救難與現狀紓解，是最容易看到效果的部分，表現可圈可點，反映的是台灣極有效能的救災與醫療水準。接下來，就愈來愈複雜了。

重建中一直等待恢復或建立的精神力量

災難之後常見兩種心理反應，一為沮喪（depression），一為焦慮（anxiety）。沮喪是對已發生事件如親友死亡、無家可歸的情緒反應，總體記憶力變差且經常想到負面事件。一般重大生活事件的壓力，可用防衛機轉與因應（coping）等正常方式處理，唯若創傷力道過強，則仍可能崩潰，引發沮喪─出現自殺意念─嘗試自殺─自殺之不良系列性反應，專業上可利用觀察其出現之症狀數目、悲觀傾向等指標，予以判斷。焦慮則是對可能發生之威脅，如失業、後續餘震、親人再度遭遇危險、交通意外等項，經常高估其發生之可能性，常有擔心、不確定情緒。依據美國精神醫學會的診斷與統計手冊 DSM- IV，焦慮有六種病態表現：一般化焦慮異常、社會性恐懼、簡單性恐懼、驚慌異常、PTSD 與偏執（obsessive-compulsive disorder）。921 之後最受關注的，就是沮喪與焦慮中的自殺及 PTSD 兩項。

921 災後的自殺與 PTSD 部分，有些數據與國際一般狀況並不相符。

921災區在地震初期十個月內，月平均自殺率從每月十萬人1.1人自殺升為1.567人，平均增加42.3%，十個月後回歸基準線（Yang et al., 2005），自殺率很快回趨穩定。日本1995年阪神－淡路大地震後，發現有自殺率下降趨勢，有人因此推論921災區亦應有自殺率下降現象，其理由是認為由於災民需分心處理重建事務、外界湧入之資源與關懷多、自行或因家庭社區之緊密聯繫而發展出堅毅的因應行為，有以致之。但資料顯示並非如此。Shioiri等人（1999）雖發現1995年地震後神戶市的男性自殺率反而降低，但將其理由歸因於高樓自殺件數大量減少之故，因為神戶市多數高樓倒塌，使得採行由上往下跳方式自殺的案件因無大樓而減少。

依此看來，921災區在震後十個月內確有自殺率升高的現象，但也不致於如一些新聞報導所說的在一兩年或兩三年後，還是哀鴻遍野自殺連連。其原因與行為決策學上所說的「資料可及性成見」（availability heuristic）有關，災區是大家焦點所注視的，一有自殺案件就容易作放大解釋，因為眼中所見印象強烈的就是這幾個個案，沒去考量其他更多但比較隱性的不同資料，以致高估了自殺案件的發生率。但是在回應這類評論時相當為難，因為雖可就手上資料說明，但也不能說得好像災區沒人自殺一樣，縱使說災區自殺率並沒有升高，也會有人說你沒同情心，不知苦民所苦。所以較好的策略還是掌握住社經困窘的弱勢及老年人資料，並建立特別關懷口卡，隨時提供支援，以紓解社會關心人士的焦慮並回應大家的愛心。

至於PTSD（創傷後壓力異常症候群）的數據，陳淑惠、吳英璋與洪福建（Chen, Wu, & Hung, 2004）就埔里資料所做之推估，發現「完全型

PTSD」（full PTSD）在三年內從 9% 降為 3%。原先的 9% 尚稱合理，但三年下降幅度比國際數據低很多，該數據可能與 921 災後環境中，可供回想的線索日益減少、社會經濟條件改善、社會支持多、農村社會家庭與鄰里關係緊密、農村住民較為堅毅（resilient）等項因素有關。

這些症狀不宜視之為孤立的存在，因為它們都可能與來自災難之後，社會經濟條件變得困窘、社會支援網絡不足、親人死亡與災難經驗太過鮮明等項因素有關，所以在協助緩解這些症狀時，儘量要把它們納入重建的一環，同時弄好社會經濟與社區網絡的支撐條件，以達到緩解症狀的目的。這就像一位學生因課業進修遭遇挫折，而引發沮喪或焦慮，在危機介入上施予藥物或心理治療是短期應作之措施，但中長期而言還是得協助他解決課業問題重建信心，才是根本之計。

心靈重建若做得恰如其分確實會有效果

心理復健網絡的設立先是由衛生署於 2000 年 3 月，在南投及台中縣市建立災區自殺防治通報系統，並就近派員協助輔導；同年 6 月則成立台中區與南投區的災難心理衛生服務中心，並作高危險群之列管與統計。921 重建會藉此協助推動高關懷計畫，建置高危險戶卡與高危險群口卡，另並結合重建區國中小推動生命教育計畫，先從東勢試辦，台大、政大、中原心理系便是其中的主力團隊，曉明女中在課程與教材上亦有重要貢獻。以前省教育廳與教育部首開生命教育之先河，不過要講成效，921 災區應是最特殊的，因為受教學生大部分對生命已有真正感覺，教起來容易有反應。

苦難與希望是共同演進的，究竟是應先解決社會經濟困境或先讓人充滿希望，並不易作切割，自殺率的起伏與經濟狀況及失業率有一定關聯性在。從外地來關心並蹲點的人，若能調整心態不讓災民覺得你是在急著給恩惠，則無私與有耐心的愛及關懷，往往會在無意中成為小孩的角色標竿（role model），這些災區小孩也因此學到了應對進退有禮有節落落大方。沒有被實質關懷過的人，常難以學到如何對別人作出愛與關懷的表現，因此災區內的關懷互動常能獲得正面的效果。

　　高雄市的鄭智仁有一首自填自唱的曲子〈天總是攏會光〉，在 921 重建區一再被唱出，唱的人大部分不是災民，因為他們很多不是唱這種歌的人，但是他們很喜歡都會區的年輕人來唱這首歌，聽著聽著，眼淚都掉下來了，那一天晚上他們一定睡得好些，因為歌聲中傳遞著希望的想像。心理學上有一種理論叫做「自我實現的預言」（self-fulfilling prophecy），你若認為未來是有希望的，就會努力朝那方向走去，好像「有希望」的預言會自己實現似的。在 921 大地震後陸續發現多項韌性元素，如農業社會家庭內的聚黏性與社區內無私的互相支援，還有外界源源不絕的愛心與蹲點，都是讓「自我實現預言」得以在災區發酵的原因。

　　愛心與專業人士如兒福聯盟做了很多實際的事情，他／她們幫忙孤兒（134 位失依兒童）找安頓之處，具體協助老年與弱勢者，包括送餐在內。之後各地設立的生活重建服務中心共 38 處，專人有 111 人之多，以專業社工人員及民間人士為主，貢獻良多。921 重建會生活重建處的許志銘處長（從教育部中辦全職調兼），那時就認養了竹山社寮里災區同一家庭的五位孤兒，並作學業、行為與就業輔導，代籌各項就學生活費用，鼓勵互相

照顧自力更生，一直到他／她們長大成家。草屯的邱慶禧、中寮龍眼林的廖振益、鹿谷清水溝工作站的冷尚書等人，在災後做了很長久的老人送餐與老人照護工作，重建大體底定後，他們仍持續的在做這些事情。類似的工作在東勢、埔里等地有更多事例，無法在此一一細述。

重建期間經常看到證嚴上人到災區關懷各項慈濟的進度，她勉勵災民「一時受苦並非一世落難」，當有人說「我們沒錢，政府比較有錢」時，上人的這句名言就講出來了，而且說「我們總是要有個開始」，有做就有用，快做就是省錢，自己也要下場，而且今天就開始。當慈濟幫忙整理學校時，有些災民只在一旁看，請他們幫忙，他們卻說「差不多做好了啊」，上人很有智慧的說「你們的做好了，別人的還沒好」，災民臉一紅，也就做起來了。她不贊成在簡易教室裝冷氣，一方面是生態環保的考量，另一方面則認為天災地變不可能在短期內回復到過去，環境差些本就該如此，受苦可以訓練，不可太順好逸惡勞的本性。這些都是上人可以講，但我們不能講的話，雖不中聽卻可帶來反省的力量。我與幾位同仁到花蓮精舍向上人請益，她一再以「一時受苦不是一世落難」相勉，後來陳總統在隔年（2001）元旦予以引述，並將「災區」宣示更名為「重建區」。

凡此種種，從苦難中掙扎著站起來的生命，日後回想起來雖常有恍如一夢的感覺，但大部分都確實已走在人生的坦途上，對過去幫助走過這一段的人與過程，常懷感激之心。這種「點滴工程」在真正面對時，往往像在交織的黑暗之中找不到出路，但是只要心中抱持希望，一步一步捱著往前走，總會在最後看到一絲亮光，然後雨過天青。感謝不離不棄在旁一路相助的人，他們說不定有一陣子是想要離開這傷心地的，但是他們還是留

遊走在災區的集體焦慮與生命的火光

到最後一直看到燈光亮起。有心是最重要的，旁邊的人有心，當事人找回自己的心，則諸事開始有個好的起點。當災民不把自己當災民時，災區的活力自然就表現出來了。

對重建進度緩慢的集體不滿

但在 921 重建過程中不見得都是正面與堅韌的向上精神，也發生過一些負面的集體行為，其中包括對救災與重建速度緩慢的攻擊、要求先釐清與追究責任，與對捐款不當使用的嚴重疑慮等項。

先說總體重建預算，除了移緩濟急、追加預算，與特別預算編列等項之正式預算外，它需再計入民間捐款（逾 340 億）、中央銀行住宅緊急貸款（若以 1,000 億匡列，以當時走高的利率估算，需補貼之 20 年利息高達 500 億左右；後來因利率大幅下降，且 1,000 億未完全貸出，重新計算六百多億貸款的利息補貼大約要一百多億），與行政院開發基金企業優惠貸款（匡列 500 億之利息補貼）等項，共達 3,000 億之巨，已符國際標準，但這些經費不是要在兩年內執行完畢的，它需要支付原定四到五年重建的總體開銷。

重建會為了控管工程進度，總會提出有多少標工程仍未發包或進度落後，如在追加預算的 480 億公共工程中有 100 件還未發包，以督促部會與縣市趕辦。但不幸的是，長官在聽完後、民眾在看了報紙電視後、立監委在看了報導後，紛紛出面來「震怒」一番，責怪總體重建還在牛步化，實在是完全誤解重建會的一番用心。

公平來講，480億公共工程約一萬兩千標，一百件未發包怎麼會是不得了的罪行？未發包比例還不到百分之一！假若我們講完成率超過99%，社會大眾又都點頭稱是，但這樣講就失去我們要控管、督促之目的，而變成是在宣揚政績罷了。一般人都會患上這種行為決策科學上所講的「不考量分母的謬誤」（base-rate fallacy），縱使我們已把分母告訴大家。同理，一般人是不會去考量所有資料來算出一個比例的，他們只是看到一百件未發包的個案，一個一個數，愈數愈生氣！講一百件未發包與講99%完成是同一件事，但所帶出的效應卻完全不同，此稱之為「框架效應」（framing effect），意指用正面與負面來講同一件事時，會得到不同的心理效應。人類思考的盲點，在此暴露無疑。一般人被灌輸重建進度落後，一百件未發包正符合他們的預期，為什麼不相信是進度落後？誰會停下來多花一分鐘去算99%，或者聽我們解釋其實已做了99%！

　　在住宅重建問題上，也沒什麼兩樣。假設全倒五萬戶（這是早期的數據，以後已修正減列），有一萬兩千戶尚待協助重建，大於60%的完成率，以國際比較而言在兩年中尚稱可以。但是我們也會提供在111棟最困難的全倒集合住宅中，只建好了四棟，以便公開控管，這下子不得了，只有1/25不到，馬上又是罵聲四起，大家再一次忘了五萬全倒戶中，主要是因為那111棟（不含五樓以下住宅，約一萬戶）造成的「未完成」，在忙著數111棟的完成棟數，又忘了全倒總數的分母。

　　921單在公共設施方面合計就有兩萬標左右（追加預算一萬兩千標，特別預算近八千標），暫不提其他在就業、社福、醫療、產業與觀光業振興等大項計畫。住宅重建的早期估計也有近十萬的全半倒戶。看重建進度

合理而言應看整體數字，而非只看集合住宅，更非只看全倒的集合住宅。不過居住問題其實才是災民的切身之痛，政府當然不能以集合住宅住戶難以內部整合，與國際政府大體不介入這種私權事務為由，來規避政府因應民意要求需負的責任。同理，集合大樓住戶在政府與相關基金會（如921震災基金會），已準備好各項優惠措施及經費下，也不能將責任全部推給政府。所以夥伴關係的良好建立，是唯一可行的解。

921將屆三周年時，依慣例，在野黨立委集合了二十來人，拿了一堆不知從哪裡來又依照己意解讀的數據，大大攻擊起來，標準用語當然是重建嚴重落後，弊端重重。那時我已奉調教育部，當我們說293所重建學校已完成98％時，他們認為那是美化數據，因為921時有1,500多所學校受損，現在只講這293所，那其餘一千多所一定是沒做好，所以不敢講出來。焉知這293所是最嚴重且納入列管的學校重建工程，其餘一千多所由於受損輕微，老早就修好了。當一個人對你有意見時，真的是可以不管是非，由此得證。其實只要他們到重建區好好走一趟，這種話怎麼講得出來！

不過政府更高階部門的因應方式也不高明。由於看到有十幾項公共小工程嚴重落後，政府內部就在公共場合猛批公務員不把這種事當一回事，因循苟且，僚氣十足。焉知大小工程兩萬多件，就這麼一、二十件出問題，心中沒有「分母」的結果，盯著這十幾件窮追猛打，就好像父母抓著小孩打屁股給外人看，不知內情的外人想這小孩真壞，不過家教倒是不錯，不是父母的錯。想想看，第一線公務人員碰到這種難堪局面時，不心灰意懶者幾希！而懷著敵意的外人更是振振有辭：你看，連他們自己人都說好爛，這事會好到那裏去！領導真是不容易，有用心帶的、有用策略帶的、有用

身先士卒來帶的，這些帶法都還不一定會成功，但是假如反其道而行把不一定存在的過錯，推給下屬或上一任承擔，那是一定成不了大事的。因為不管怎麼樣，假若有好成績也都是他們過去所做的。

在三周年時可以罵的其實已經愈來愈少了。災盟在 2002 年 10 月 9 日夜宿總統官邸的訴求是：不得強制驅趕或遷移組合屋居民、落實組合屋先安置再拆除的政策承諾、興建公屋，這時雖還存在有一些住宅（如東勢東安里本街重建仍不理想）與組合屋問題，台北市東星大樓仍未重建，但重建業務已在研擬是否於 2003 年 12 月回歸各部會署辦理。

到了 2003 年 9 月時，可以用三種判準來理解各種不同的重建執行率：

1. 約兩萬件控管工程的計畫完成率為 95%。
2. 整體正式編列重建經費 2,123 億的執行率為 75%。
3. 特別預算 1,000 億執行率為 50%，主要係因社區重建基金中的融資撥貸難以執行，後來改供購買不願重建產權之委辦費及四大流域整治費用。

台灣公共工程的年執行能量當時在 6,000 ～ 7,000 億之間，除非全國放下十分之一工作量來改做 921 工程，否則難以在短時間內快速提升執行率，所以從這些數字看來，應該是已經符合規劃的進度與效率。不過就如前述，假如只選擇特別預算項目當分母來批評，那就又有一番激戰了。

2005 年 12 月重建會召開由行政院院長主持的第 27 次委員會議，可執

行預算累計 2,123.59 億，執行數為 2,021.73 億，超過 95%，大概也不會再有什麼重要事項要做了。大家已準備揮別 921，但小部分災民仍然開罵不停。2006 年 2 月在蘇貞昌院長主持下，921 重建會吹熄燈號，那時我已離開教育部一年多，剛到中國醫藥大學擔任校長才半年，重建會得以順利熄燈，其他未竟事務回歸權責機關賡續辦理，我心中實有無限歡暢之情。《九二一震災重建暫行條例》在延長一年後於 2006 年 2 月 4 日屆滿，在法律意義上的 921 重建已經正式結束了。看起來，災區與社會的集體焦慮已是越來越低了。

對救災與重建速度緩慢的攻擊，並非 921 特有現象，在國際大型災害的處理中亦屢見不鮮，如各項救災措施與重建工程本來就須依照輕重緩急一一處理，而且一個國家每年能夠完成的工程能量有其上限，再怎麼移緩濟急儘量弄到災區來，在每處都是緊急需要處理的困境下，一定是顧此失彼的，但是在這種苦難最高點要受難之人或在旁急得跳腳的善心人士，能夠諒解政府能力有限並給予寬限，那是行不通的，因為在大災害造成社會經濟條件極端困頓下，災民求助的範圍非常多樣而且都很困難，包括有對重建進度與效率的集體不滿及抗議、要求給予高優惠的貸款條件、政府對倒塌大樓應先概括承受再代位求償、所有重建工程在聘用人員時應有 1/3 來自災民等項，甚至有組合屋災民曾對 921 重建會主管以投票方式表達不滿。

凡此種種抱怨不滿，雖然在災後重建逐漸步上軌道之後慢慢平息，但對很多戮力從公全力投入的各級政府公務人員，都是一種震撼教育。很多重建同仁將參與 921 重建，視為一生中最值得紀念最值得驕傲的經驗，就

是認為在這麼多困難與壓力下（甚至不少人本身也是災民），竟然能走出重重困境而且能真正幫助到需要的人，回首公務生涯很難忘掉這一段，值得好好珍藏。

對捐款流向的集體疑慮

在這些負面的集體行為中，最特殊的是對捐款使用的集體懷疑與攻擊，捐款進來之時，也是疑慮滋生之日。台灣社會最怕愛心被濫用，有心人士開始攻擊，社會上因此瀰漫一股不信任之風，也反映出這個社會信心不足、公權力難以彰顯的弱點。惟 921 相關的檢調與官司雖然不斷，卻很少是因為來自捐款使用上的弊端。可見大家對捐款的使用不敢輕忽，內政部與民間的監控也算嚴格，因此儘管疑慮者多，卻少有成案者，可見不斷的追蹤與公布調查捐款流向，是很重要的 SOP。依據曾擔任民間「921 震災重建基金會」執行長的謝志誠教授之綜合歸納，認為真正濫用占用的指控，其實大部分都是不成立的，但是傷害已經造成，要重拾信心需要花很大力氣。

依據全國民間災後重建聯盟（全盟）在 921 災後隔年 6 月所作的調查（謝國興，2001），現金捐款總數 315 億，這是保守估計，尚未計入利息所得，也未包括企業認養學校重建之隱藏性捐款約 60 億。尚有另一估計為 340.7 億或內政部重算的 354.9 億，但已是 2002 年以後的數據。若以該 315 億為準，則其中由中央政府收受之 134 億另成立「921 震災重建基金會」保管使用（辜振甫與殷琪分任董事長），111 億為民間團體（大部分捐到宗教團體，其中 61.74% 用在校園重建，11.04% 蓋組合屋），58 億為

縣市政府，11.5 億為鄉鎮公所。921 民間捐款大約占政府編列重建經費總額的 1/7，由於政府編列經費總額占 1.7% GDP，已比國際先進國家大型災難重建經費的 1% 為高，所以這 1/7 大概是歷年全球大災變中，最令人印象深刻的捐款了。

社會大眾出於同理心與憐憫心的捐款及慈善行為，偶因特殊事件，以為利他與信任的心意遭受到背叛，被不當使用或侵吞，以致引起集體的不滿與批判，此時儘速調查與及時公告，是正面處理這類集體情緒的惟一方式。另外，一堆控告捐款誤用與工程舞弊的官司，其實大部分都不成立，但受折磨的人已垂垂老矣。現在看到 2018 年花蓮震災，捐款人對捐款使用方式意見頗多，看起來台灣對捐款的監督機制還是太過個人化，個人化的情緒性攻擊就是不需提供任何有公信的證據，或只拿出誤導的資訊，台灣又是一個容易群情激動的社會，因此當公共監督機制不能及時發揮作用並儘速釐清時，整個社會都因之受害。

激勵人心的指標故事與人物

當社會滋生疑慮之際，也是災區正在發展出很多激勵人心的正面能量之時，好在這兩股力量得以在時間軸上互相制衡互相調整，很多重建業務才得以繼續順利進行。行走災區，所見所聞，令人感動的故事與人物，可說彎一個角落就碰到一則人間的傳奇。我覺得一直在那邊控管工程，呈現數據，解決看起來永遠做不完的事情，固有其必要性，也是我們做重建工作的主要目的，但很多小故事富含人性，卻不能讓它們沒沒無聞，這些才

是真正體現 921 重建的正面精神所在，因此請鍾起岱處長集合同仁彙整部分感人故事印成一本小冊子，讓這些小故事能夠傳諸久遠，包括如何重建蛇窯、協助興建大愛屋、教導小孩寫作畫圖、修復教堂、自組植物染工作坊、組媽媽劇團、開美食小鋪等。

921 重建會（2001）依此蒐集了當時普遍流傳在廣大災區的感人事跡，得以匯總出很多與救災有關的小故事，譬如：

1. 德國與韓國救援隊在大里市「台中王朝」，合力救出受困 90 小時的小男孩張景閎。台北東星大樓（死亡 87 人）孫家兄弟（孫啟光、孫啟峰），則在快 130 小時的受困後才被救出，當事後知道他們是靠冰箱裏的爛蘋果、尿液與救援時噴灑的水維生時，大家心裏的一根弦好像被撞了一下，感動莫名。
2. 在大里市倒塌的金巴黎大樓內，挖出已經死亡的父親緊緊抱著兒子悲慘又感人的畫面。一位南投災民在土墝厝中硬撐著屋梁，讓媽媽即時逃出，年邁父親仍被壓死，在七、八天後父親的喪禮上，他的雙手還高舉著無法放下來，椎心之痛一直在啃食著他。
3. 租在大里市的朝陽科技大學學生王智昱，歷經 18 小時才被救出，之後昏迷三天，到了第三年才慢慢忘記地震的噩夢，而且不願回想那驚恐的 18 小時。

台灣全民關心而且投入震災善後，其實與這些流行傳頌在災區及社會的感人事件脫離不了關係。相關的事件一直在出現，2000 年 12 月為了降

遊走在災區的集體焦慮與生命的火光

挖九份二山堰塞湖的溢洪道，在作施工便道工程時，挖出兩具屍體（尚有 22 人還在地下），一隻已經乾皺的手扒開層層土堆現身，重建會的九份二山專家廖維士告訴我，那是 87 歲羅陳玉妹的手，另一位是 33 歲菲傭裘斯菲。羅老太太的兒子一直撫摸著他媽媽已經乾皺的手皮，問我要不要摸摸他母親的手，我看他滿臉孺慕之情，深受感動，不由自主的拿到手上，我們一齊焚香默禱祝她一路順風。

到災區重建的隔年，大家想到應該頒發「民間重建貢獻獎」，來感謝全心全力參與重建朋友們的無私付出，於是找了添興窯的林清河，製作「含淚播種 歡笑收割」的陶燒紀念品。當時我們頒了 26 位個人獎，率皆未廣為人知，但長期在災區蹲點，是民間重建中不可或缺的靈魂人物。之後還陸續頒贈表達敬佩之意。921 重建會（2006）後來綜合列出了底下名單：

1. 特殊個人貢獻

羅時瑋	王國翹	吳守信	吳永堃	吳清泡	周進升	李慶忠
沈國義	林金土	林清河	林建元	李阿綿	柴惠敏	洪曉菁
范揚富	翁慧圓	張紅雅	張桎源	施武忠	喻肇青	陳振川
陳興田	曾旭正	曾孝明	曾建軍	陳世芳	廖振益	葉瑞美
鄒 樹	廖嘉展	歐陽慧芳	蔡秀琴	馮小非	盧思岳	
顧英惠	賴朝賢	謝英俊	謝輝龍	蔡金堂	蔡進興	

2. 重要團體貢獻（未列大公司、支援之地方政府）

紅十字會	老吾老基金會	世界展望會	長老教會
寶島行善義工團	全盟	伊甸	一貫道
張老師基金會	慈心基金會	曉明社福	中台禪寺
佛光山	法鼓山	香光尼僧團伽耶山基金會	
慈濟	國泰人壽	TVBS 關懷文教基金會	
智邦文教	埔基	物理治療學會	中華搜救總隊
中興電台	安麗公司	草屯富安守望相助隊	
摩門教會	獅子會	扶輪社	國際青商

上述這些偉大的個人與團體，都是我在重建區工作時，經常會見到面的朋友，列在這裏（所列其實不全，恐不及十之一、二，係以 2006 年《重建經驗》一書所列為準），以便牢牢記住他們不求回報的貢獻。上面的名單當然不能完全反映當年眾多民間參與貢獻的個人與團體，我所知道的就已經很多不在名單上。但因為上述名單都已登錄在案，而且我怕加列後掛一漏萬，反而對不起沒列入的，所以不作更動。最主要的意義，只是在說明透過上述受災的傳奇事蹟，以及熱心參與的民間義舉，在廣大災區捲起一股向上的力量，對災民的身心靈重建帶來神奇的恢復與提升效果。

很多人期望這些激勵人心的指標故事與人物事跡，不要因為事過境遷就隨風消散，總希望能繼續捲起千堆雪，在台灣社會的各個角落來傳承這種大公無私的精神。在此只舉一個我現在還有參與的例子，說明台灣社會

的民間力量不只傳承了這種 921 精神，而且還日益精進有所超越。「台灣閱讀文化基金會」經過十幾年的努力，建立了超過 300 座「愛的書庫」，每座書庫約 50 箱新書，在縣市政府協助下甄選出一間國小或國中負責，擔負起區域中心的訓練及借閱責任，而且輪流在全國交換經過評選廣受學生喜愛的不同圖書。我兒子以紀念他阿嬤的名義，也捐過一座設立在都蘭國中的書庫。

這個成就斐然的基金會，係由一向熱心公益的美律公司廖祿立董事長召集，結合中部等地區好幾位熱心的企業主出錢出力，新竹物流也全力當志工，絡繹於途，負責在全國各地配送在學校間頻繁交換的大量書箱。該一成功的構想與實踐，始自「921 震災重建基金會」殷琪董事長與執行長謝志誠教授的發想，在陳一誠等幾位在地老師合作下，由基金會挹注先在 921 災區試行，後來經過謝志誠的居間鼓吹，「台灣閱讀文化基金會」在 2006 年，由廖祿立董事長接手至今已歷 13 年，大家平時低調做事，遇有需要廣邀捐獻時，則敲鑼打鼓做善事，團結力量大！看起來這些 921 元素都留傳了下來，大家群起效法，將集體做公益的善心展現得淋漓盡致！

• 921 重建委員會（2001）。《天地無情人間有愛：921 大地震救災小故事》。自行出版。

• 921 重建委員會（2006）。《921 震災重建經驗》（上）（下）。南投市：國史館台灣文獻館。

• 謝國興（編）（2001）。《協力與培力：全國民間災後重建聯盟兩年工作紀要》。台北市：全國民間災後重建聯盟。

- Chen, S. H., Wu, Y. C., & Hung, F. C. (2004). *Psychosocial adjustment along the posttraumatic flow in adult survivors of the Taiwan 1999 earthquake : A four-year longitudinal study.* Paper presented at the International Conference in Commemoration of the 5th Anniversary of the 1999 Chi-Chi Earthquake, Taipei, Taiwan.

- Shioiri, T., et al. (1999). The Kobe earthquake and reduced suicide rate in Japanese males. *Archives of General Psychiatry*, 56, 282-283.

- Yang, C. H., et al. (2005). Suicide trends following the Taiwan earthquake of 1999: Empirical evidence and policy implications. *Acta Psychiatrica Scandinavica*, 112, 442-448.

遊走在災區的集體焦慮與生命的火光

921 之後的世紀性災難

近年來全球發生與可能即將發生的大災難不在少數，無法一一評述，在此僅就台灣 921 震災之後大家比較熟悉，以及本人曾參與了解或現場訪查過的幾個具歷史性的當代災難，作一討論並尋找教訓。這幾個世紀級災難的規模與人命及財物損失，皆遠大於 921，甚至有數量級的差異，但 921 地震所引起的國內外關切，以及令人感動的救援與重建工作，一向是各界津津樂道的重點所在，在 20 周年來臨之日，特別將這幾個舉世皆知的大型災難，放在一起作綜合評述，並藉此作一國際比較。

1999 年台灣 921 大地震

1999 年 9 月 21 日凌晨 1:47，發生了 921 大地震，在台北造成的搖晃，歷時三、四十秒之久。各類地震中包括有 P 波（初達波）與 S 波（剪力波），P 波進行較快（如每秒 6 公里，為一種類似聲波的壓縮波或縱

波），S 波較慢（如每秒 4 公里，為一種剪力波或橫波，是強地動的主要來源），P 波與 S 波會前後來臨。由於台灣夜間有南電北送的調控，北部一向缺電，長期仰賴中南部供電，若南電北送的輸變電系統如中寮與天輪變電所受損，北部就有嚴重的停電問題，因此震動之初電廠自動跳電與變電所受損，台北馬上停電，P 波傳出一陣子之後才抵達台北（S 波隨後趕到），則由停電與 P 波抵達台北之時距（如 30 秒），可算出大約有一兩百公里的距離，因此震央可能在中部某處。

在 921 地震之前六、七年，大家關心的是台灣幾十條活斷層中，嘉南平原出名的梅山與觸口斷層破裂潛勢，由歷史上來看也到了 35 年的大震周期，有可能會發作，國科會大型防災計畫因此在那邊推動了一個實驗計畫，多少有想預作因應的意思在，但沒想到卻是一直沒被注意到的車籠埔斷層，產生了大破裂！由所附竹山鎮車籠埔斷層構造的剖面，可以看出地層劇烈錯動斷裂與扭曲的狀況。

921 是國際級的大災難

921 是 20 世紀最大的島嶼地震，若干特殊地質與大壩影像成為國際知名地震教科書的封面。石岡壩是第一個史上被活斷層震毀的大型混凝土水力結構，縱向拱起之落差達 9.8 公尺之巨，深受國際矚目；附近斷裂的大甲溪埤豐橋前，則形成 5 ～ 6 公尺的斷崖瀑布。該二影像都是地震教科書的最愛。Bolt（2004）第五版國際知名的地震學教科書封面，就是埤豐橋往大甲溪上游方向緊鄰的地震小斷崖，形成一個六公尺高的瀑布，這是

被拱抬起來的結果；再往上不遠處，就是有部分崩毀而讓世界嘖嘖稱奇的石岡壩。Hough（2002）的知名專書封面，也是特別標示埤豐橋旁的斷崖瀑布。

就災害規模與損害而言，921 地震與本文所討論發生在921 之後的其他四個災難，相差甚遠，但仍受到全球矚目，以重建投入與民間捐款而言，皆屬國際級的大型災難。日本政府在神戶－淡路地震後，籌資 500 億美元（GDP 為四兆美元）重建，占 1.25％ GDP。在 921 重建緊鑼密鼓期間發生的 911 攻擊，葛林斯潘（Allen Greenspan）在其 2007 年出版的自傳《The Turbulence》中述及，911 發生後聯邦準備銀行備妥 1,000 億美元，約占 10 兆GDP 的 1％，以應付可能引起的連鎖反應（包括失業與金融

九份二山震後景象。（廖維士／提供）

1999 年 9 月 21 日凌晨 1 點 47 分時間停格，留在鐘面上。（洪如江／提供）

竹山車籠埔斷層構造。（陳文山教授／提供）

市場之波動），但最後沒用上。這可能是因為世貿大樓中的公司泰半為跨國企業，且有保險可吸收風險，並未涉及數萬間民宅之重建，而且政府並非重建主角，它衍生的是反恐議題而非天然災害的重建。美國的 Katrina 風災則是籌措 1,100 億美元，占 1.1% GDP。

台灣的 921 地震直接損失約 3,600 多億台幣，政府籌編的重建經費約

2,600 億以上，另有民間捐款 340.7 億。在籌編重建經費的做法上，台灣的做法是先提列政府經費約 1% GDP，再以特別預算追補 1,000 億台幣，合計 1.7% GDP。由所列這四個災害初期的政府經費籌措（皆在 1% GDP 左右）觀之，大約在主客觀上皆屬同等級之災害。

但 921 之所以重要且廣受矚目，除了地質與地震的理由外，其實還有很多特殊的人文與社會層面因素。譬如說在短期內民間捐款即逾 340 億台幣，這在過去從未有之，以後也很難有所預期；震後不只是大量捐款的愛心大捐輸，實質的同理心與愛心大行動更源源不絕湧入災區，可謂空前，長期留下來蹲點參與重建的民間團體與個人人數眾多，亦無前例，帶來很大的助益，關心 921 真正成為全民運動，國內外無不另眼相看。

921 震出來的問題

921 主震深夜發生在中部農村地區，避開了很多致命的情況（如學校上學之時），可謂不幸中的大幸，但是 921 仍造成很嚴重的後果，大約來自底下幾個理由：

1. 板塊擠壓規模大，$M_w = 7.6$（$M_L = 7.3$）。台灣位在環太平洋地震帶上，菲律賓海板塊經常碰撞與擠壓歐亞大陸板塊，這次在中台灣西部造成淺層走滑的車籠埔逆斷層地震，震源在集集鎮附近地下約 8 公里處，中央氣象局測定芮氏局部規模（local magnitude）為 $M_L = 7.3$，美國 USGS 採力矩規模（moment magnitude）為 $M_w = 7.6$，指的都是同一件事情。

2. 破裂斷層線長約 100 公里，破裂持續 28 秒。車籠埔斷層為南北走向，暴裂時向西逆衝，斷層線東邊稱為上盤，西邊為下盤，一般而言上盤比下盤災情嚴重，隆起高度由南至北遞增，從南到北的連續破裂約 80 ～ 90 公里；往北後以順時鐘方向折 90 度為東西向，接石岡─雙崎斷層，長約 15 公里的破裂，該破裂方式與車籠埔斷層之連續型破裂相比，形成的是較短的片斷且不連續，造成較大的垂直拱抬（達 8 ～ 10 公尺）與地表的損壞（Kao & Chen, 2000；Lee et al., 2002）。該 100 公里左右的斷層線，從竹山桶頭經名間、草屯、豐原，轉石岡、東勢至卓蘭的內灣，造成南投、台中縣市、苗栗的地表破裂，且因破裂持續 28 秒，更多縣市有地殼變形之結果。$M_w = 6.9$ 的神戶大地震斷層破裂約 50 公里，破裂時間歷時 20 秒，相對而言，921 有較猛烈且較長之破裂。

3. 最大地表加速度（peak ground acceleration, PGA）相當高，甚至達到一個重力加速度（1g 或 980 gal）。在離震央 10 公里外之日月潭測站測得之巔峰值為 989 gal，在石岡壩外 500 公尺石岡國小測站為 502 與 519 gal（Kung, Ni, & Chiang, 2001）。因此之故，地層搖晃劇烈，常導致基地土壤液化，承載力因之消減，房廈損害甚為嚴重。

4. 能量高。依據馬國鳳教授等人（Ma et al., 2006）所進行的台灣車籠埔斷層鑽井計畫（近大坑地區），發現在往下鑽到一公里多時，即可見車籠埔斷層區有一 12 cm 的原錯動區（primary slip zone）泥

塊，判定為幾個（4～33次）過去地震的錯動區交疊，其中有一約2 cm的新錯動區（表現921的主錯動區），由此2 cm新錯動區的顆粒大小及密度反估單次之表層破裂能量，大約只是斷層破裂真正能量的6%，其中熱能占多數，造成岩石熔融產生潤滑，使車籠埔斷層北段出現較大錯動量。依此估計921地震總能量，相當於115顆原子彈的爆炸量。

5. 921地震讓後續的土石流災害更為加劇。陳宏宇教授等人（Dadson et al., 2003）指出，台灣過去幾十年的土石沖蝕，與地震和颱風脫離不了關係，921地震可能會提高中台灣與北部的土石沖蝕率。2001年桃芝與2004年敏督利幾個颱風中，大量土石沉積流入陳有蘭溪與大甲溪，沿途造成重大災害，即可看出除了雨量過大之原因外，可能與921地震弄鬆中部以及北部山區土石有極大關係。

林慶偉、陳宏宇與林俊全教授（王錦華等人，2005）比較1996年賀伯與2001年桃芝颱風，在濁水溪流域內的表現之後，發現這兩次颱風的最大小時降雨強度相差有限（50～80 mm/hr），賀伯的最大累積降雨量約2,000 mm（毫米），桃芝750 mm，賀伯因之造成9.77平方公里的崩塌，但桃芝則有48.8平方公里，他們依據這些資料，判定921加劇了後續災害發生時所產生的土石流與崩塌區。這是一種具有關聯性的災害放大效應，因此在展開重建時，中台灣四大流域（濁水溪與陳有蘭溪、大安溪、大甲溪、烏溪）的上中下游聯合整治，對穩定及清除山中與沿岸土石以減低土石流災害，是一

件必須重視的大規劃。

6. 暴露出嚴重的違建、產權不清、土地不當利用、建築設計與結構等
問題。這是台灣鄉村地區普遍存在的問題，碰到 921 之後全部暴露
出來，對重建造成很大的困擾，都會型地震則比較不會遭遇到這類
問題。由於受損區域全半倒房屋，有甚多違建、產權不清與土地不
當利用的個案，因此在申請住宅重建或重購貸款、產權分割、地籍
圖重測、新社區開發等項上，都很容易產生糾紛。有人提議在鄉村
地區，土地產權問題本來就難以理出頭緒，何不就地合法以利後續
重建？但國有國法，縱使在緊急命令半年有效期間，也沒人認同這
種做法，所以還是要一件一件在暫行條例及其子法的基礎上，予以
解套。至於建築設計與結構問題，更是存在久遠。學校極端脆弱，
在受損的 1,500 多所與全倒 293 所中，很多是老舊建築，有老背少
的，有一字長蛇陣的，當座落方向與震波方向垂直時，就應聲而倒
（橋梁亦同）。校舍建築需較多窗口採光與通風，但設計不良時常
有「短柱效應」，窗戶將中間柱束制，使柱之抗彎矩的有效長度變
短，被迫承受大量剪力而破壞。

蔡克銓與張國鎮教授指出（王錦華等人，2005），台灣建築以
前經常發現的問題，這次終於通不過考驗，包括有很多大家過去都
已熟悉但因循苟且的營建工法，如當底樓為騎樓或挑高時牆壁量較
上部樓層少、非結構牆設計不良、耐震結構系統不良、有效柱斷面
太小、主筋搭接長度不足、箍筋彎鉤不足間距太大、梁柱斷面有雜

物、在非建築土地上興建、未申請建照、在既有建物上搭違建等問題。921 後注意力集中在住宅與學校上，修改建築規範將抗震係數提高，由地震二區（可抗最大地表加速度 PGA 達 0.23g）提升為一甲區（0.33g），有些學校還加強 25%，將抗震標準提升為 0.41g，另外還修訂其他耐震補強的技術規則。其實近千座受損的橋梁也有類似問題，除了倒掉的要重建成「大震不倒，中震可修」之外，還要對幸運未倒或受損的老舊橋梁（因為未與震波對衝），做好耐震補強工作。

7. 中台灣原有的五大觀光路線（日月潭、信義鄉東埔溫泉、溪頭與杉林溪、埔里—霧社—廬山溫泉—清境農場、谷關），在 921 後山崩路毀，常有土石流威脅，經營非常困難。小鎮小農經濟，在道路橋梁崩毀、住宅全半倒，以及觀光受到嚴重打擊下，是一片支離破碎的景象。觀光業與小鎮小農經濟又是中部災區的主力，晚上走在街道上燈光昏暗，在重建當時真的難以預期何時會恢復舊觀。

8. 就學就業就醫就養的難題，既廣且深。大量臨時教室等待興建，校舍需要修繕重建，國中小學童的就學問題，是每個人心中的痛。中部受災區一向屬於社經困窘區，大震之後帶來嚴重的就業困難，以工代賑只能解決部分，更重要的是如何讓災民參與龐大的公共工程工作，但是他們的專業能力足以因應嗎？大型災難之後，最擔心的是在缺乏社會與社區支援網絡下，如何防止自殺潮的蔓延，如何防止創傷後壓力異常症候群（PTSD）的產生，這些都需有周全的社

福措施與心理支援系統。中部災區一向是人口外流區，老人比例偏高，大震之後的就醫與就養問題特別嚴重，如何馬上介入處理？

上述所提八項，只是當時很快從表面上就可以看到的現象，但日後愈往裏面走，問題愈多且愈難解決，此時所需要的不只是愛心與耐心，更需有能有效解決問題的宏觀策略及特殊做法。921 震後的重建是一件非常複雜需要全民動員的大事，無法在此做一事後總結評論，可另參見黃榮村（2009）的 921 十周年專書，以及本書〈20 年後，誰還記得 921〉一文。

- 王錦華等人（2005）。《921 集集大地震》。台北市：國科會。
- 黃榮村（2009）。《台灣 921 大地震的集體記憶：921 十周年紀念》。新北市：印刻出版。
- Bolt, B. A. (2004). *Earthquakes* (5th Edition). New York : Freeman.
- Hough, S. E. (2002). *Earthquaking science: What we know (and don't know) about earthquakes*. Princeton, N. J.: Princeton University Press.
- Bolt, B. A. (1993). *Earthquakes and geological discovery*. New York: Scientific American Library.
- Kao, H., & Chen, W. P. (2000). The Chi-Chi earthquake sequence: Active, out-of-sequence thrust faulting in Taiwan. *Science*, 288, 2346-2349.
- Lee, J. C., et al. (2002). Geometry and structure of northern surface ruptures of the 1999 M_w = 7.6 Chi-Chi Taiwan earthquake: Influence from inherited fold belt structures. *Journal of Structural Geology*, 24, 173-192.

- Kung, C. S., Ni, W. P., & Chiang, V. J. (2001). Damage and rehabilitation work of Shih-Kang Dam. *Seismic Fault-induced Failures* (January), 33-48.
- Ma, K. F., et al. (2006). Slip zone and energetics of a large earthquake from the Taiwan Chelungpu-fault Drilling Project. *Nature, 444,* 473-476.
- Dadson, S. J., et al. (2003). Links between erosion, runoff variability and seismicity in the Taiwan orogen. *Nature,* 426, 648-651.

2004 年印度洋地震與南亞大海嘯

發生在 2004 年 12 月 26 日，M_w 達到 9.1 的印度洋蘇門答臘附近海域的印度洋大地震，引發南亞大海嘯，在 15 分鐘到 7 小時之內襲擊不同海岸。海中激起高達三十多公尺的巨波，抵達岸邊亦有逾十公尺高度者，引起海洋周圍若干國家海岸與觀光區的嚴重傷亡，包括印尼、斯里蘭卡、印度與泰國等地（依死亡人數嚴重度排列），禍及東南亞、南亞與東非等十餘國，死亡人數逾 29 萬人（印尼死亡逾 23 萬人，斯里蘭卡逾 4 萬人），受傷五十幾萬人，實體災損巨大逾百億美元，以印尼為例即達 50 億美元，其中印尼亞齊省死傷與災損最為慘重，但也因此意外結束了長達 30 年與政府軍對峙的亞齊內戰，共建家園。

南亞海嘯的全世界捐款達 70 億美元，台灣各界也踴躍捐輸，慈濟在全力投入 921 災後重建之後，又碰到南亞大海嘯，慈濟人絡繹於途，尤其是在印尼亞齊省、斯里蘭卡與巴基斯坦，常見慈濟基金會、慈濟大學、慈濟醫院在兩邊奔走調度，籌募運用的善款達 30 億台幣，提供急需物資，興

建大愛屋、援建校舍、從事醫療救助，與協助各項重建工作。後來碰到一些印尼來的朋友與亞齊大學的人，談起這件事仍不脫驚惶，對慈濟則充滿感念。證嚴上人在 921 震災重建期間，經常到災區行走，出家人心中放不下的就是災民與滿地的瘡痍，上人雖終身未出國門，但我想她應該就像親訪協助 921 一樣，不停關切南亞大海嘯的復原狀況。事實上，不只慈濟，其他如國際佛光會、法鼓山、基督教等宗教團體與紅十字會，也都積極投入。台灣的政府捐款則逾五千萬美元。台灣人民的愛心從未止息，縱使自己也處在災後重建之中，由此可見一斑。

過去四十幾年來，有兩次最大的地震來自印澳與東南歐亞兩大板塊的錯動，一在 2004 年 12 月 26 日，Mw = 9.1 ～ 9.3；另一在 2005 年 3 月 28 日，Mw = 8.6。前者就是現在所提到的 Sumatra-Andaman（蘇門達臘—安達曼）超級大地震，斷層破裂達 1,300 公里，垂直落差達 15 公尺，還引起近三十萬人死亡的南亞大海嘯（Lay, et al., 2005）。該一印度洋大地震海底斷層破裂長度逾 1,000 公里，垂直抬升最高處逾 20 公尺，相對而言，1999 年的台灣 921 地震，車籠埔斷層約百公里，破裂後垂直抬升高達六公尺（發生在石岡壩下游方向埤豐橋處），單就地震規模而言已遠大於 921，何況還有致命的大海嘯。這次 2004 年的巨大逆衝型地震可謂是 20 世紀罕見的大地震，當台灣還在為 921 重建善後時，傳來這種規模如此巨大的悲劇，實在令人無言。

建立海嘯跨國預警聯防系統

　　這類海嘯往往波及好幾個國家，與本文所敘述皆以一國之內為範圍的大災難，大不相同，因此更需做好跨國協調，以找出最佳的聯合災防方式，其中一個有效做法就是建立海嘯預警的跨國聯防系統。地震可以預警但無法預測，地震發生後的海嘯則是可以預測也有時間可以預警，在印度洋開始建立起一個海嘯跨國聯防系統，顯然有其急迫性需要。

　　印度洋和大西洋都尚未能像太平洋般，建立起具有地區性與國際性通報的海嘯預警系統。過去印度洋海嘯發生頻率不高，南亞大海嘯中死傷最慘重的印尼和斯里蘭卡，在海嘯發生之時，都尚未有「國際海嘯預警系統協調小組」之類的組織，可以加入。泰國則未在西海岸裝置海浪測量器，因此在海嘯發生時錯失預知海嘯與緊急撤離的先機。太平洋地區的海嘯預警系統則建立於 1965 年，以西太平洋沿海國家為例，包括台灣、日本、中國，都與太平洋海嘯警報中心保持聯繫。美國地質調查所（USGS）認為如果區內已建立監測和預警系統，可以減少人命損失，尤其是像斯里蘭卡和印度這類國家，在這次印度洋地震發生後，尚有三個小時以上時間可以疏散，可以大幅降低大海嘯來襲的災害，但卻因為系統性疏失而造成嚴重傷亡。

　　南亞大海嘯後，2005 年 1 月在神戶市舉辦了一場聯合國會議，決議在印度洋地區建立海嘯預警系統，之後在 2005 年 6 月正式成立「印度洋海嘯預警與減災跨政府協調小組」（The Intergovernmental Coordination Group for the Indian Ocean Tsunami Warning and Mitigation System, ICG

／ IOTWS）。在這次地震與巨大海嘯之後，印度、馬來西亞、印尼與鄰近國家，也決定聯合安裝一套海嘯預警系統，印尼則在美國、日本、德國等國協助下，於 2008 年完成海嘯預報系統的建置，但其成效尚待檢驗。印尼在 2018 年底因火山噴發海底山體塌陷，引發異他海峽的海嘯，但其預警效果廣受批評，除了涉及海嘯探測浮標遭到破壞、警報器故障與預警訊息不能有效傳播出去等因素外，主因可能還在於尚未能夠建立特殊的早期預警系統，以因應來自海底山體崩塌或海底火山所引起的海嘯之故。

• Lay, T., et al. (2005). The great Sumatra-Andaman earthquake of 26 December 2004. *Science*, 308, 1127-1133.

2005 年 8 月美國紐奧良 Katrina 風災

2005 年 8 月 28 日，Katrina 發展成為最大強度的第五級颶風（Category 5，風速每小時超過 251 公里，或每秒超過 70 公尺），橫掃墨西哥灣沿岸區域，引發的洪水對紐奧良造成致命性災害，災區面積廣達 23 萬平方公里（約當英國大小），300 萬人受到停電影響。在路易斯安那州東南部與密西西比及阿拉巴馬兩州的海岸地區，都進行自願與強制撤離，墨西哥灣海岸區居民約疏散 120 萬人，大紐奧良都會區的 130 萬居民據估計約有 80% 撤離。嗣後，由於諸多處置不當，包括管理失當與領導無能，尤其是對紐奧良水災的延遲處置以及城市引發的混亂，引起極大民怨，導致聯邦緊急

處理署（FEMA）署長與紐奧良警察局局長去職，很多政府負責人也被抨擊得體無完膚，特別是針對紐奧良市市長、路易斯安那州州長與美國總統小布希。

事後有幾個單位受到表揚，包括美國海岸警衛隊、國家颶風中心與國家氣象局，國家颶風中心（National Hurricane Center）則被認為在充分的時間之前，即已提供了準確的颶風預報。由於這次的 Katrina 造成如此巨大的災害，在美國政府請求下，世界氣象組織同意將 Katrina 從大西洋颶風名單中除名，改用 Katia 命名。

紐奧良的世紀巨痛

現僅以受災最嚴重的紐奧良市為例說明。從災後的各種圖示可知，紐奧良（New Orleans）根本就是建城在危險水域的環繞之中，東方有 Borgne 湖與濕地，北方有面積龐大的 Pontchartrain 湖，各自連海，南方則有密西西比河，紐奧良可以說就像一個微凹的碗，因此四周都有河堤海堤，幾個湖域水域之間則有類似運河的水道互通，水道也建堤防護。這種地形地理配置注定是會淹水的，以前歷史上血淚斑斑，但一直沒有辦法離災。

當強大 Katrina 颶風侵入時，四周的水漲起來，先在南北方向的工業大渠（Industrial Canal）破堤，接著是東西方向水流越堤湧入，紐奧良大約80% 浸在水中，超過 11 萬家戶與 2 萬家商店，淹到快沒頂的地區大部分是黑人居住之處。政府救災是出奇的沒有效率，過了四天才去接運擠在超級巨蛋（Superdome）的兩萬五千名災民，再過一天才去接運另一批在大會

議中心的兩萬災名。這種效能與我過去對「聯邦緊急處理署」（FEMA，現在併入家園安全部，Homeland Security）的了解大有不同，美國人也覺得不可思議，竟然發生在號稱世界最強大的國家內，因此美國國內紛紛要求究責。

風災隔年，歷史學教授 Douglas Brinkley（2006）出版了有關 Katrina 的大部頭書，登上了《紐約時報》暢銷書排行榜。我另外也仔細閱讀由紐奧良當地主要報紙 The Times-Picayune（2006）於同年出版，並獲普立茲獎的書中，重新了解到 Katrina 所帶來的龐大災害，真的是難以想像。

Katrina 風災（2005 年 8 月 31 日）一年半之後，我到姊妹校 Tulane 大學（號稱南方哈佛）回訪洽公，本想與 Katrina 風災後負責學校救災與復原的副校長 Paul Whelton 再好好聊聊，但他已到芝加哥天主教耶穌會的 Loyola 大學，當大學醫療體系與醫學中心負責人，只好作罷。現在負責杜蘭大學醫學中心的 Alan Miller 也有深入了解，看起來還是憂心忡忡。後來透過陳紫郎教授的安排，去看紐奧良災區的重建進度，災害規模龐大，進度顯然極不理想，除了一些當年肇禍的水堤，如 17 街運河、倫敦大街運河、工業運河等處，皆已修復外，很多房子仍大量以破損的方式擺在那邊，工程車輛及人員稀稀落落，災民也多不在當地，一幅殘破又無趕工的景象。我告訴陳教授這在台灣是不可思議的，假如這種樣子發生在台灣，不知道有多少負責官員會被調查或調整職務。在 Tulane 大學碰到幾位身歷其境或參與重建計畫的教授，他們對 Katrina 的救災、安置與重建，個個都是搖頭嚴批，尤其對政府部門大不以為然，讓我覺得好像又回到台灣 921 重建的早期現場。

在 921 過了一年半時，我還在負責政府的整個重建工作，深知其無法令人滿意之處。我告訴他們，沒有三年以上時間，災民與社會是不可能對政府部門放鬆批判的，希望再過另一個一年半，事情會有好轉。他們聽了，多少覺得安慰一些。Katrina 造成的死亡有 1,836 人，主要集中在路易斯安那州，災民傷亡不及 921 與神戶震災，遑論南亞大海嘯，但整體損害規模極為龐大，單講路易斯安那與密西西比兩州的直接經濟損失，就至少 1,500 億美元，大約是 921 震災災損的十幾倍。聯邦政府為 Katrina 編列的重建經費 1,050 億美元，約占 1.1% GDP，還不包括供油與沿岸基礎設施的重建。美國是否真能在三年之間就理出頭緒，不是那麼容易下定論，尤其是了解到居然還有那麼多災民家庭，仍住在全美各地（遷離約 100 萬人），單單是紐奧良人口就淨空一半。由政府支付旅館費的災民，根本就沒回來災區一起重建。

紐奧良在災後人口外流的慘狀是台灣所無法想像的。依據《時代週刊》（Time）2007 年的調查，紐奧良人口從災前的 45 萬人降為 26.5 萬，公共運輸搭乘量從 12.4 萬降為 2 萬，公立中小學學生數從 7.8 萬降為 2.6 萬。這是台灣 921 震災或八八風災所看不到的場景，就像是逃難，人去樓空，與台灣災難現場形成強烈對比。雖然出走的人還是會陸陸續續回來，但卻是回不全的，兩地之人對土地與鄉里的認同，顯然有系統性差異，也深刻影響了重建的效率與品質。這種現象一直到今天還是這樣的，顯然打定主意不回來了，與台灣或日本的移出移入方式大有不同。

風華再現？

　　2016 年 4 月底再到紐奧良開會，已是 Katrina 之後將近 11 年，表面上看起來似乎風華再現，但骨子裡恐怕沒那麼樂觀。Rivlin（2015）在十年後寫了一個大要回顧，認為每個人都說不能放棄紐奧良，要再現風華，但時至今日，核心的法國區與 Marigny 區當然是欣欣向榮，但周圍緊鄰亟待發展重造的諸區，如河邊區（Bywater）、下九區（Lower Ninth）、Tremé 區與下中城區等地，仍然是發展緩慢。以下九區為例，在 Katrina 之前有八千戶人家，但水災之後新建不到兩百戶，開車經過幾個街區看不到住家，目前該區只有原來的 32% 居住率，以這個速度，大概要到 2040 年才能恢復到原來的人口量。

　　對 Katrina 之後重建持樂觀態度的人也不少，認為紐奧良從沒這麼好過，甚至比災前更好，河邊區、Tremé 區與中城區等地的整建與再造，充滿創意與能量，也獲得 FEMA（聯邦緊急事務管理署）與 HUD（聯邦住宅與都市發展部）的大量支援。觀光消費達新高，會議業務鼎盛，發展出大型生醫中心，路易斯安那州在電影製作上的蓬勃程度，超越紐約州，僅次於加州。一些普查資料發現紐奧良每年吸引了超過四千位年輕聰明的創意人才，商業雜誌 *Forbes* 甚至宣稱紐奧良是美國頭號大腦吸力機。凡此總總都顯示紐奧良就像浴火鳳凰，已獲得新生。

　　但在紐奧良占多數又拿最低工資的黑人，卻發現愈來愈難付得起房租，認為都市是變漂亮了，但究竟為了誰而美麗！另外，災後的暴力犯罪率仍是美國平均水準的兩倍，城內租屋者有半數至少要拿出稅前收入的

1/3 來付租金，黑人就業率（48%）與貧窮率（29%）沒什麼改善，貧富不均度與非洲尚比亞（Zambia）差不多，新建的公共住宅只有 1/3 提供給低收入住民。紐奧良在 1990 年代有一萬四千個公共住宅單位，現在只有不到三千戶低收入公寓。在區域公共運輸方面，災後巴士路線少了一半，等車時間大幅變長。80% 孩童在災後不再就讀公立學校，改念公辦民營的特許學校（charter schools），前任教育部長 Arne Duncan 在 Katrina 五周年時，講說「我認為對紐奧良教育系統帶來最好改變的，是 Katrina 風災」，這句話引起很大爭議，家長團體甚至說若有選擇，想回到具有穩定性與社區感的舊系統。

災後不可避免的要重新修建更好的防災河堤海堤運河與水道，但財務負擔相當重，需靠加徵財產稅才得以畢其功，這不是一件簡單的事。路易斯安那州海岸線的退縮，是另一件令人憂慮的事，聯邦投入數十億美元的防災經費，在大片沿岸濕地逐步消失時，將功虧一簣，在災後州政府與聯邦擬增加投入 500 億美元，進行五十年海岸復原計畫，但截至 2015 年為止，州政府才拿出不到 30 億美元。現在想藉由「破壞者付費」的方式，控告上百家石油與瓦斯公司，要求他們為加速濕地流失，以致增加紐奧良洪災風險，來付出代價，主張這種做法的人說，濕地與海岸是歷經數千年形成的屏障緩衝地，卻在幾十年之間幾乎毀於一旦，當然要他們來協助補救。

看起來，要定調紐奧良的災後重建成效，真的還需要再多一點時間與想像力才行。

- Brinkley, D. (2006). *The great deluge*. New York: HarperCollins.
- The Times-Picayune (2006). *Katrina: The ruin and recovery of New Orleans*. New Orleans: The Times-Picayune.
- Rivlin, G. (2015). *Katrina: After the flood*. New York: Simon & Schuster.

2008 年中國汶川大地震

　　前已述及，過去四十幾年來，有兩次大地震來自印澳與東南歐亞兩大板塊的錯動，近期類似的大地震，則是大家熟悉的 2008 年 5 月 12 日中國汶川地震，$M_w = 7.9$。這是因為受到印度板塊持續撞擠歐亞板塊，應力累增後釋放壓力的結果，連接青藏高原東部山脈和四川盆地之間，大約 275 公里長的龍門山斷層因之破裂，持續晃動兩分鐘，嚴重破壞地區超過 9 萬平方公里，劃定的災區範圍達 45 萬平方公里。

　　這次地震造成 6 萬 9,226 人死亡（其中 6 萬 8,636 人居住在四川），1 萬 7,923 人失踪，受傷 37 萬 4,643 人，約五百萬人無家可歸，逾 650 萬住宅單位倒塌，包括至少 6,898 間校舍。直接經濟損失共 8,451 億元人民幣，捐款總額達人民幣 594 億元，台灣捐款 20 億台幣（不含企業與台商）。緊急救災以中國內部為主力，但亦接受國際救援，包括以台灣紅十字會與台北市消防局為主，迅速組成的台灣救援隊。2008 年 6 月 18 日，《汶川地震災後恢復重建對口支援方案》正式頒布，統一部署對口支援任務，提出「一省幫一重災縣，舉全國之力，加快恢復重建」，明確要求 19 個省市

以不低於 1% 的財力對口支援重災縣市三年。中共中央預估災區在三年內完成重建之經費超過一兆人民幣，2012 年四川官方宣布，概算投入 8,658 億人民幣已執行成功 99.5%。

依據陳顯與 Booth 蒐集的數據（Chen & Booth, 2011），汶川大地震的狀況大約是中國 1949 年以來最大幅員之地震，死亡人數僅次於唐山大地震的 24 萬人；地震規模 Ms = 8.0，強度僅次於 1950 年印度西藏邊界的墨脫－察隅地震，規模 8.5（1976 年唐山大地震規模則為 7.8）。震央在成都西北 70 公里外，在震央 23 公里外測站所量得之最大尖峰地面加速度（PGA）約達一個重力加速度（957.7 cm/s^2），等震輪廓線為橢圓，是典型的西藏高原地震樣態，與一般中國地震（如唐山）之圓形等震輪廓線不同。大部分地震能量之釋放範圍，約在 300 公里長、50 公里寬、20 公里深所圍出之處。

川震發作的能量約當兩千顆廣島級的原子彈，很多地震學家承認從沒想過會在龍門山斷層，發生這麼大的爆裂，顯示過去並無穩定可資相信的前兆。這是很多大地震都發生過的狀況，猜東猜西很難抓得準，因為地球上可以發生地震的點線面太多，縱使地震潛勢與風險可以估計，但出現的時間與地點一向不是容易預測的。事後追究原因時，四川最大的水力發電站成都紫坪鋪大壩，位於川震震央東邊 20 公里處，壩高 156 公尺，建在多條活斷層之上，蓄水容量 11 億噸，蓄水之後被認為可能是誘發本次川震的原因之一，在 2009 年引起國際科學界與國際媒體的廣泛討論。這個川震之後的意外插曲，並無確切證據可資支持，因為水庫型地震的震央一般距

離水庫五公里之內，但此次川震震央與水庫相距超過 20 公里，而且 2005 年開始注水蓄水之前後地震觀測，並無明顯變化。水庫型地震一般較弱，國際上觀測到的最大規模是 6.4，於 1967 年在印度 Koyna 水庫處，震央距壩址 3 公里，壩高 103 公尺，於 1962 年注水，三年內發生 450 次地震。世界上中大型水壩逾萬，但不到 1% 會誘發地震。過去觀測到的水庫型地震主震從無逆衝斷層個案，但本次川震則明顯是逆衝斷層。

學校與住宅重建問題

汶川大地震發生後的當年 6 月 27、28 日兩天，中國科學院與中央研究院在北京聯合舉辦了一個研討會，幾乎所有院內、各大學與國家地震局的相關專業院士都來了，不過真正從事救災與規劃重建的人員，都在災害第一現場，不可能前來報告。我也與國家地震局的陳顒院士聯合主持了一場交流討論。會中我以主持 921 重建與桃芝風災救災的經驗，預測被大量討論攻擊的豆腐渣工程，若執意全面處理，將嚴重影響安置與重建，所以應該是會陸續拆除，依據國際與台灣經驗，大概不太可能一直保留下來以便追究責任，也許會留下少數幾個具代表性的做進一步處理。

學校部分垮塌近七千來所，需全部重建的則有 3,340 所，大約台灣 921 地震重建學校 293 所的十幾倍，同樣的在周圍住宅部分都沒垮得那麼厲害，主因是學校建築可用年限一般採用較低標準，耐震強度標準較低；另一因素則是早期的學校建築觀念沒考慮到校舍排列型式，常常是一字長蛇陣，只要是與震波方向垂直的，無一不倒，就像與震波傳遞方向垂直的長

橋梁，無一不垮，但與震波方向平行的都好好的，所以後來學校改建時都設計成 L 或 U 字型的大量體建築；學校校舍建築還常見鋼筋水泥柱箍筋強度不足，與影響抗震效能的短柱效應。

這些皆非少數幾間學校的工程誤失，而是過去中小學校舍之通病，都是以後重建工程應在建築規範上作改進之處，但要儘快改善，需先清除，若一直執著於先追究這些難以釐清的責任，則不只於事無補，更嚴重影響重建進度，這是我們在 921 重建時經常要面對的痛苦兩難經驗。但 921 震災發生在凌晨沒有學生上課的時候，川震則師生死傷甚多，這是不可相提並論的。2016 年川震的受害學生家屬，在刑事責任訴訟不予受理之後，改以民事途徑聲請校舍工程建商與校方法人，負起保險責任，法院仍以不予立案作結。

我在研討會中的另一項預測，則是有關災後的住宅與社區重建，在台灣因涉及複雜的產權與財務問題，所以最為緩慢效率不佳，但在汶川地震應可有效率的做好，因為中國大陸住宅與社區基本上沒有像台灣一樣的複雜私人土地產權問題，土地產權掌握在政府手上，機關分配的宿舍也多，只要主管單位講好了在哪邊重建，機關分配宿舍與住宅部分應很快可以完成。在座的大概都未曾有過災後重建的經驗，對我的預測又好奇又無法確定是否真會如此。事實上，日後證實我當時的兩項預測，並沒有什麼可議之處。

志工與民間參與重建

令國外觀察者印象深刻的是，川震發生後各地志工與民間迅速且普遍的參與各類災後協助與復原，人數從紅十字會與青年團登記有案的 20 萬人，到上看千萬人不等。台灣的宗教與醫療志工團體，就如當年參與 921 一樣，絡繹於途，謝英俊與他的建築團隊也到川震區長期蹲點，推動農村自力造屋。謝英俊在台灣 921 地震災後重建時，曾協助邵族、仁愛鄉過坑部落、和平鄉松鶴部落等地的原住民自力造屋，雖因觀念尚未打開，所建房屋未能滿百，但自力造屋比一般造價可省下四成，在川震之後去協助農村的自力造屋，一定是貢獻良多。

很多人以前有一個固定印象，認為自從 1978 年經濟改革以來，中國社會已成為一個追求自身利益、犧牲公共利益、價值真空的狼群叢林社會，但川震事件大幅改變了這些想法，接著就是全國性的追悼會，很難得的，不是為了國家領導人，而是為了常民百姓（Xu, 2017）。追悼會在 2008 年 5 月 19 ～ 21 日舉辦（5 月 12 日川震），並從 2009 年起將 5 月 12 日訂為防災與減災日。

大量民間參與的結果，就如台灣 921，一定會開始追問責任問題，如為何學校建造得像豆腐渣工程，學生因此而死亡者至少五千三百多人（在所有死亡人數中，1 萬 9,065 人為學生），但有些學校周邊建物就沒有損傷，誰該負責？有些學生家長開始抗議，政府調查後口頭宣稱校舍倒塌係因強震無法避免，而非建造問題。遭此刺激，畫家艾未未與眾多志工因此開始收集，確認所有受難學生姓名及其他資訊，並出版地下紀念文件與畫作，與政府之間產生了緊張關係。

川震後的國內熱心民間參與，究竟是來自內生對同胞受苦受難的熱情與同理心，或者是被國家動員或在民族主義驅使下產生的愛國心，所造成的結果？這是很多國際分析家想去弄清楚的一件事（Xu, 2017）。合理來看應該是三種都有才對，但在該一全力救援全力重建的關頭，做這種懷疑性算計既不合時宜又不近人情，而且也不符後來的多元發展趨勢。另外有的人則過分樂觀，認為這是中國公民社會（civil society）力量全面崛起的典型，將2008年稱之為中國的公民社會元年，這種樂觀講法，與台灣921時將1999年稱為台灣志工及社區營造元年是一樣的。但公民社會的議題，與後毛澤東時期追求民主法治社會的努力息息相關，這是一個遠比志工社會更為複雜的概念，川震後的公民與民間參與，是否適宜做出這種期待與認定，可能還需要時間來驗證。

中國特色社會主義經濟式重建

川震的災後重建從國際比較觀點來看，可說是效率奇高成果非凡，對一個社會主義大國而言，其中一定有一些正面的政治因素介入。如前所述，2008年6月18日發布災後重建的對口支援方案（所謂的「一方有難八方支援」、「先富帶後富」），要求19個省市以不低於1%的財力對口支援重災縣市三年（共約人民幣687億元），依財力雄厚程度之支援順序，舉幾個例子：廣東省支援汶川縣、江蘇省支援綿竹市、上海市支援都江堰市、山東省支援北川縣、浙江省支援青川縣、北京市支援什邡市。當然在此配對與支援過程中，不免發生對有些受災地區較為有利的公平性問題，如映秀鎮（屬汶川縣）與都江堰市車程僅20分鐘，但分屬不同支援

區，而有相對剝奪感問題出現，甚至有鎮民還因此懷疑鎮府機關是否私吞了補助款。另外還引發了明星災區的爭議，人比人氣死人，連同樣受災都有這類公平議題。不過，這類爭議似乎不是川震特有的問題。

2008 年 9 月 24 日發布汶川地震災後恢復重建總體規劃，鉅細靡遺，主要的依據是國務院令 526 號汶川地震災後恢復重建條例，設定完成基本重建的年限為三年，預估重建經費超過一兆人民幣。就一個規模如此龐大的地震，設定完成基本重建時間如此急迫，可說是急切回復家園的社會決心，與社會主義國家領導意志力的合併強力展現。上述做法與台灣因應921 地震的方式並無兩樣，但執行起來顯然更有感染力、強制力與效率。相對規模小很多的台灣 921 災後重建，在國際間也算聲名卓著，但當時設定的基本重建完成年限是五年，後來又在民意要求下延後了一兩年，可見在國情不同下，雖然原則相同但做法上可能出現巨大差異。

重建講究效率，舉世皆然，中國則由於號稱具有中國特色的社會主義經濟式運作，以及黨的強力領導，在重建效率表現上相當突出，但不一定就能做到原先設定的理想，理想與實務之間永遠存在有落差，需要較長時間的磨合，台灣的 921 重建就有諸多這類例子，不妨互相參照。底下試舉三個具有特色的重建例子，以供比較（Sorace, 2017）：

1. 都江堰市。災後新建的高速鐵路 30 分鐘內就可抵達成都，這是一個推動都市—鄉村整合模式可能成功，而成為大成都區的例子，但是意識形態引導下的烏托邦式都市化規劃，有時會帶來困擾。2008 年剛好是世界金融危機最嚴重的一年，該一重建藍圖除了分割土地用

途與吸引外資促進工業外，還要將農民改變塑造成新的城市公民，整個重建的經濟目標則將外銷改為增加內需。但在農民的身分改造過程，有的藉由土地分割使用取得租金，或進入產業成為受薪者，在此將農民轉換為新城市公民的過程中，製造出比災前更多無產失業的人，需要國家的照顧。至於原來肥沃農地改為工業用地後，是否因此得以製造出具有經濟價值的物品，並成為大成都區的重要新興經濟力量，則仍有爭議。

2. 映秀鎮。位於岷江旁又有山嵐環繞的映秀是川震震央所在地，受到最大的關注，黨與政府災後重建目標是將其建造成世界知名的（觀光）市鎮，成為地震旅遊品牌、溫馨的小鎮、抗震建築的博物館，與大師級建築的美術館，而不以推動農業現代化與發展工業為目的，改為專攻旅遊經濟。2011 年申請通過 4A 級旅遊景區，但在隔年要申請最高的 5A 級景區時，就引起極大爭議，環繞在是否過度以災區為名消費災區、傷害災區民眾感情等問題上。才因地震死亡近七千人的小鎮，在過度規劃下短期內就要興高采烈迎向災區旅遊高峰，恐有值得商榷之處。當地居民是否認為這是最好的重建方式與成功的結果，不免見仁見智，因為居民最需要的，還是自身生活方式的恢復與經濟條件的改善。

3. 青川縣。這是一個靠近甘肅的四川山區窮縣，人口約 25 萬人，川震時約 4,697 人死亡，1 萬 5,000 人受傷。面積 3,271 平方公里，大部分無法耕種，且有土壤侵蝕問題，缺少像都江堰市與映秀鎮的發

展強項，因此重建可選擇的方式不多，主要還是以恢復生態、善用自然資源、提升農業生產技術為主。災後發展出的生態文明概念、生態建設，剛好接榫中國提倡小康社會中的五位一體主張，亦即經濟、政治、文化、社會、生態五大建設，又有富裕的浙江省協助重建，這些對青川縣的災後重建都具有政治理念與社會實益上的重要性。這類意識形態濃厚，要將縣區綠化的做法，在管理幹部的理念與居民實際利益之間，一定會有空間利用與資源分配上的落差與爭議。

綜上，三個區域所進行的重建計畫，其實在川震之前已進行類似規劃，川震之後利用國家各級政府與外界的大量投入，趁機會予以強化並加速。在若干重要的重建實例中，確有是否達到原重建規劃理想與目標之爭議，但這是所有大災害事件重建經常會發生的落差，川震重建難有例外，只不過社會主義中國剛好處在大國崛起之際，國外觀察家不免比較注重黨政面向，以及社會主義國家意識形態領導的層面，在整個災後重建上的利弊分析上，也常有較為嚴厲之評述。鄰近的日本與台灣，近年來也分別有重大天災之後的重建，由於國情不同，在社區總體營造、自力造屋與志工團體協助下，在非公共建築與非基礎設施的項目上，自主性強而且能獲得政府資源有系統的挹注，在區域規劃與重建願景上有甚多公民參與空間，可謂「由下往上」的色彩濃厚，也受到相當尊重。

在這種經驗基礎上觀察，中國大陸在川震重建上當然是帶有濃厚的黨國色彩在內，這是因為中國長年以來以黨領政的社會主義政策，實在難以

單獨局限在災後重建上做出客觀評論，不過整體而言，基本重建業已如期完成，殆無疑義，而且在各項控管及執行效率上，遠遠超過國際平均表現。

- Lay, T., et al. (2005). The great Sumatra-Andaman earthquake of 26 December 2004. *Science*, 308, 1127-1133.
- Chen Yong（陳顒）& Booth, D. C. (2011). *The Wenchuan Earthquake of 2008*. Beijing & Heidelberg: Science Press Beijing & Springer Heidelberg.
- Bin Xu (2017). *The politics of compassion: The Sichuan Earthquake and civic engagement in China*. Stanford, CA: Stanford University Press.
- Sorace, C. P. (2017). *Shaken authority: China's Communist Party and the 2008 Sichuan Earthquake*. Ithaca, New York: Cornell University Press.

2011 年日本東北 311 大地震與大海嘯

2018 年 11 月 23 日趕到日本仙台東北大學 RIEC，參加塩入諭（Satoshi Shioiri）所長籌辦的東北大學與台大雙邊會議「AI 與人類科學」，以及面會心理學系 Jiro Gyoba 教授之便，到距一小時車程的宮城縣石卷市日和山丘往下看太平洋海岸，同行導覽的櫻井研三（Kenzo Sakurai）教授指出，往東北方向的氣仙沼市、岩手縣陸前高田市，往南的松島、仙台、福島縣、茨城縣等地，在大海嘯來臨時巨浪最高可達十幾公尺，沿岸五百來公里，住宅區與電廠工廠無一倖免，若有接海河流，海浪長驅直入，河岸兩旁景

觀住宅更是損失慘重。時至今日，遷徙人民甚多尚未能再遷入，整個重建恐需十年之久。回看山上，社區的海嘯偵測與警報廣播器聳立，11月的紅楓與金黃色銀杏照亮了整個山區，景物不殊，豔麗仍然不可方物，再轉頭遙望海岸線內破損的家園，心情殊異也。

311 是世紀級的複合性大災難

　　這是一個集合地震、海嘯、福島第一核電廠事故，發生在 2011 年 3 月 11 日下午 2:46 左右，世紀級的複合性大災難。震央在仙台市以東約 190 公里處之太平洋海域，介於東北沿岸與日本海溝之間，震央深度 24 公里，震（力）矩規模 9.1，海嘯高度達十幾公尺，達一千年頻率，沿岸受重大影響範圍長達 450 公里，海嘯淹水面積達 561 平方公里。長週期震波讓超高層大樓震動幅度達一公尺，地震造成至少 1 萬 5,893 人死亡、2,553 人失蹤、傷者 6,152 人，沖走 7 萬棟房子，遭受破壞的房屋上百萬間，為日本二戰後傷亡最慘重的自然災害。其中宮城縣死亡人數逾萬，岩手縣逾六千，福島縣近兩千人。

　　3 月 16 日，77 歲的日本明仁天皇透過電視發表預錄的五分鐘公開講話，對於日本受災民眾在這次重大災難中所表現出的冷靜，給予充分肯定，請人民不要放棄希望，他深深關切核災事故，希望人民手連手一起克服困難度過危機。自從裕仁天皇在日本廣島與長崎遭原子彈攻擊死亡 15 萬人，於 1945 年 8 月 15 日從收音機發表四分鐘預錄的終戰詔書之後，這是首次天皇在重大災難後發表的電視講話，1995 年的神戶—淡路大地震，

從石卷市日和山丘眺望外海。

海嘯從外海直通灌入通海河流淹沒兩岸建物。

石卷市日和山丘 311 海嘯示意圖。

海嘯從外海直通灌入通海河流淹沒兩岸建物。（細部放大圖）

石卷市日和山丘上的海嘯偵測與通報器。

明仁天皇僅以書面聲明鼓勵日本民眾。在各國因核災之故紛紛安排撤僑的同時，台灣發動捐款達七十幾億台幣，創下台灣民間國際捐款的新高，日本社會對這件事有極為深刻的印象。

　　在日本東北外海，太平洋板塊以每年 8～10 公分速度隱沒入北美板塊，在隱沒處的板塊界線上發生爆裂，震央下海底錯開 27 公尺，整個滑移撕裂面積達 380 x 190 平方公里之大，爆裂線一直延伸到日本海溝交界處沿線，超過預期，因此引發巨大海嘯，水深一千公尺處之速度每小時達 350 公里，最大浪高達 40 公尺以上。在夏威夷的太平洋海嘯警報中心（Pacific Tsunami Warning Center）於震後 12 分鐘分析出來時，大海嘯再過幾分鐘即將抵達日本東北沿岸，影響範圍長達 450 公里，是 1900 年有現代地震測量資料以來，四個最強大的地震之一，災損達 2,350 億美金，是史上災損最大的致命天然災害之一。

　　另因大海嘯造成福島第一核電廠三個核能機組的第七級核心融解，則是過去 25 年來世界最嚴重的核能危機（蘇俄車諾比事件發生於 1986 年），Birmingham & McNeill（2012）以誇張的口吻說，若將日本的平均輻射水準視為一張信用卡的厚度，則福島核災的輻射量，就像是紐約帝國大廈這麼高。該一無預期的意外，讓國際核電發展的未來陷入困境，而且在日本國內造成嚴重的核能安全憂慮，成為日本電力籌措與分配上的夢魘，這些問題迄未解決（另參見本書〈福島核一廠事故與台灣核電爭議〉文）。

　　日本有最先進的地震偵測與預警系統，與台灣一樣可以利用地震波 P 波（初達縱波，速度每秒約 6～10 公里）與 S 波（具破壞性的剪力橫波，

每秒約四公里）之差距，算出震央所在地與地震規模，並及早在 S 波抵達前數十秒送出預警。海嘯的預警則須有較長時間，在過去 1300 年歷史中，日本幾乎每七年就會受到海嘯襲擊，但從沒有過這麼嚴重的。海嘯（津波）在大海中以大跨距長波行進，時速可高達 900 公里，但在抵達岸邊淺水區時，速度減緩到約時速 50 公里，浪高與能量急速升高，依當時地震深度與規模及海床型態而異。日本東北北方的三陸海岸（Sanriku Coast），長達 600 公里，是日本最出名的津波海岸，歷史上最嚴重的海嘯都發生在這裡，1896 年的明治三陸地震，規模 7.2 但海嘯高度達 33 公尺，約兩萬人死亡與失蹤；1933 年則有地震規模 8.4 的昭和三陸地震，海嘯高達 30 公尺，死亡 3000 人。這次 311 海嘯也不例外，在三陸海岸引發最大規模的災害。

日本氣象廳在這次地震與海嘯的判定與預警上，剛開始都不是很成功，將地震規模估計為 7.9，規模少算了十幾倍，能量則少算了三十幾倍，預測宮城縣海嘯高度為 7 公尺，福島縣與岩手縣為 3.5 公尺，這些預測都遠低於實際狀況，因此被指責為延誤了疏散的時機，而且大震之後停電，很多預警訊息也送不出去（Birmingham & McNeill, 2012）。日本氣象廳在地震之後最先估計的規模是 7.9，但三小時後馬上修改為 8.8，發生這麼大烏龍的原因，應該是來自測量技術上的限制，無法從大地震震央附近鋪設的地震儀彙總量出大震規模，剛開始所作出的估計嚴重低估了嚴重度，係因即時的局部規模，一般是從儀器的最高震幅推估得來，但該一做法在地震規模很大時，與震矩規模之相關性低，所以應參考較遠距離外的量測，包括千里外寬頻地震儀對重力場變化的量測與推估，這是一種比 P 波更早出現的地殼變形訊號，以光速傳遞，可以協助更快計算出斷層破裂之規模

（Vallée, et al., 2017）。

311 地震所引發的巨大海嘯，當代可堪比擬的大概只有 2004 年 12 月 26 日發生在印度洋的南亞大海嘯，也是因為在蘇門答臘附近海域，印度板塊與緬甸板塊交界的隱沒區發生破裂所導致，海底地震規模 9.1（另參見本書〈環太平洋火環帶與地震預測〉文）。東北地區太平洋岸海嘯高度大部分為 5 ～ 10 公尺，更往北的三陸海岸若干地區高達 20 ～ 30 公尺，有些特定點則甚為驚人，如岩手縣宮古市可達 40 公尺，宮城縣石卷市、笠貝島等地高達 43 公尺（Umitsu, 2016），大部分房子都被沖走。

櫻井研三教授告訴我 311 地震時，他體驗到的強烈晃動達三分鐘之久。相較之下，921 地震晃動約四十秒，San Andreas 斷層誘發的 1906 年舊金山大地震（震矩 7.8，斷層破裂 477 公里），主震晃動約四十秒。差堪比擬的，則是 1857 年加州南部的 Fort Tejon 地震（規模 7.9，破裂 350 公里），搖晃約三分鐘。

雪上加霜的核電廠大災難

日本並非全然未做事先防範。福島一號核電廠採 150 年地震紀錄為準，以耐震規模 8.0 ～ 8.4 建造，但 6 公尺高的混凝土海牆根本無濟於事；依同樣邏輯，東北地區海堤抗震強度，也是設定為規模 8.4 下之海嘯衝擊。但 2011 年的地震規模已達日本地震紀錄史上未曾有過的 9.1，海嘯的高度與強度更是將海牆視同無物，一下子就跨越過去了。雖然有人提出在一千二百多年前，也發生過類似規模的地震與海嘯，但在距離如此遙遠時代所發

生的事件，若採用來作為強化建造的依據，恐怕也無法真的不顧龐大費用而付諸實行。日本一向是世界上對地震最有準備的國家，但與其他國家並無兩樣，經常猜錯地震發生的地方。

以日本在防救災整備上公認世界第一的聲名與實力，面對這樣一個巨大災難仍有很深的無力感。災後四年的 2015 年東北沿岸區，仍有 27 萬人無法回到原來的家居，近 10 萬人住在狹窄的暫時屋中。2015 年中央政府擬規劃一新五年計畫，經費逾兩千億美元，繼續推動重建與輻射清理。有些縣鎮市已有良好的重建進度，如岩手縣陸前高田市在 15 公尺大浪侵襲下，幾乎全毀，現在已墊高部分沿海區，並重建海牆，甚至有超過 12 公尺高度者（Karan & Suganuma, 2016）。當然最困難的，莫過於福島核一廠的善後處理了，到現在還是世界矚目的焦點。

• Birmingham, L., & McNeill, D. (2012). *Strong in the rain: Surviving Japan's earthquake, tsunami, and Fukushima nuclear disaster*. New York: Palgrave Macmillan.

• Karan, P. P., & Suganuma, U. (Eds.) (2016). *Japan after 3/11: Global perspectives on the earthquake, tsunami, and Fukushima meltdown*. Lexington, Kentucky: The University Press of Kentucky.

• Umitsu, M. (2016). Tsunami flow and geo-environment of the pacific coastal region of Tohoku. In P. P. Karan & U. Suganuma (Eds.). *Japan after 3/11: Global perspectives on the earthquake, tsunami, and Fukushima meltdown*, Ch.4.

Lexington, Kentucky: The University Press of Kentucky.

• Vallée, M., et al. (2017). Observations and modeling of the elastogravity signals preceding direct seismic waves. *Science*, 358, 1164-1168.

思念在風中，相逢大甲溪畔

一直有幾個影像，糾纏著出現好幾年，裡面有閃亮奇幻的銀河與螢火蟲，在濁水溪與陳有蘭溪上空忽上忽下的直升機，從地殼下陣陣傳來的低鳴聲，翻山越嶺的倒虹吸管，熟睡的左岸小孩，大甲溪上破碎的橋梁與大壩，以及不停後退的紅紅落日。我一直在等待這幾個影像，究竟何時才會湊成一塊，後來慢慢發現，原來是有一股懷念之情，總是拉著我要記得回到 921 的歷史現場，那裏有著快要失去的記憶。

銀河與螢火蟲

2001 年 7 月下旬，我與重建會大地工程處潘明祥處長一齊到嘉義縣查訪，與瑞峰、瑞里、太和、太興村民組成的巡守大隊見面，他們幾乎要搞定所有項目，包括抓偷竊、救火、救災、送醫等，就像鄉間走動的 119。這些人當年半夜還在烘焙茶葉時，就聽到雲林草嶺大崩山，轟隆轟隆的飛出一大片土石從空中掉到嘉義縣境來。與他們見面真的是令人開心的夜晚，

之後夜宿瑞里的若蘭山莊，那更是一個奇特的經歷。

走出住宿小屋，夜訪七月螢火蟲，仰頭望去居然是久違的銀河，就這樣待在那邊，耳聽黝黑中的河流水聲，眼看螢火蟲明滅在草叢樹枝間。

以前集集特有生物中心何健鎔助研究員，曾來講他們如何在重建會支援下，到埔里桃米社區、魚池大雁村澀水社區、中寮和興村等地復育螢火蟲的事。楊偉甫時任中區水資源局局長與重建會大地工程處副處長，聽了以後，也想到要在集集攔河堰弄個燭光咖啡廳，遙看螢火蟲閃爍在濁水溪邊的風景。我請吳聰能副執行長去敦請全國最優秀的螢火蟲專家，齊來中部重建區弄個螢火蟲大道，一路看下去也是個奇景，這種小鎮村里中的荒野經驗，應該可以當為勞苦眾人獲得救贖的基礎，若推廣成功也可以想辦法弄到都會區去。可惜這是一個來不及完成的夢想。

更奇妙的當然是銀河經驗，我至今記憶最鮮明的銀河影像，是二十幾年前在蒙古戈壁沙漠半夜看到的，該地偏北緯度高且無光害，低軌道間諜衛星在一旁跑動，歷歷可見，另外由於星光明亮，銀河幾乎伸手可及，在凌晨三點時驚覺銀河臂竟然已經轉了一個大彎，沒想到地球自轉與緯度的威力如此巨大，只要幾個小時就可以在太空深處動這麼大手腳。這次在瑞里山間所見，非常難得，這是從小幾十年來，第一次在台灣又重新看到銀河，實有驚豔之感，更沒想到是在 921 服勤期間，有點苦中作樂的味道。

隨著氣流起伏的直升機

我在 921 重建會待了無假期的 610 天，車程 6 萬公里，飛行了 365 次

（不含直升機）。每次到台中水湳機場，搭螺旋噴射小飛機往返台北，一起飛就睡著，有時在砰的一聲以為失事時醒過來，原來到台北了。在這段期間居然搭了幾次直升機，卻是始料未及。

桃芝風災時，行政院張俊雄院長到南投勘災，先到清泉崗機場換直升機，我因交通事故經排除後趕到機場時，直升機已在滑行，當時又不能攔下登機，只好馬上往回走，現在南投山區中是路斷橋斷，根本無法靠車輛通行，但院長屆時一定會詢問交辦，我們不在現場是不行的。我那時有一個第五作戰區救災指揮官的身分，許志銘處長建議可以聯絡空軍聯隊，緊急從嘉義水上機場調 S70C 海鷗直升機，到中興新村中興會堂前廣場接轉。當我到大禮堂前，直升機已將降落。本來是要到第二地點信義鄉同富村會合，不過飛行人員太厲害，空中聯繫不斷，發現還來得及到溪頭台大試驗林前，就一路尋找降落，沿途水氣風向不穩，還要開門看好降落地點，會合換機，剛好趕上他們走完行程，而我已早一步在另一架直升機內等候，國防部伍世文部長驚訝的問我怎麼到的，竟搭配得這麼好。我說，空軍真厲害，能做最好時，絕不做次好的。

桃芝風災時信義鄉四處都成為孤島，要靠直升機救援，但氣候不穩，常有起霧、湧升氣流之情事，S70C 在當時已經算是性能好的直升機，但對氣流還是相當敏感，起起伏伏，有時艙內士官長要打開機門，看看底下是否有操場或空地可以降落，同時還要提醒駕駛「小心，有電線！」沿途則是在陳有蘭溪與濁水溪上空，隨著氣流起伏忽上忽下，往下看去盡是一片受難的山河！

地殼下的低鳴

　　在台灣每個人免不了要經歷過多次地震，但大部分人沒真正在近距離聆聽過地鳴。當我還在負責 921 重建時，有一天晚上大約十點回到中興新村五百戶的宿舍，正在客廳記錄一些當天心得，忽然聽到一陣長達十來秒這輩子從沒聽過的怪聲音，那是一種能量集中在低頻帶但又有高頻音，混合有豐富泛音、在空曠大建築物內的回音，以及蒙古人用腹部力量壓迫橫膈膜震動的聲音，帶有風切，好像來自遙遠地方但又具有強烈共鳴的聲音，半夜聽來，有點詭異的感覺。一下子之後房子開始搖晃起來，回神過來就判斷出這是「地鳴」，因為車籠埔的老斷層線就在後面二十多公尺處沿著山腳切過，我想聽到的應是地震初達波（P 波）跑到空氣中所發出的聲音。哥白尼曾說星體的運行，就像天堂的樂音（music of the heaven），那這種聲音就像是地殼下的低鳴樂音。

　　921 餘震多達萬餘次，這是我第一次恐怕也會是唯一一次，在這麼近的距離與斷層共舞。我相信住在斷層附近還醒著的人，在 1999 年 9 月 21 日凌晨 1 點 47 分之前，一定有過這種一生無法釋懷的魔音穿耳之集體記憶。自從有了這次特殊經驗後，經常回想起這段地殼下的低鳴，過了十幾年未嘗或忘，也許要找個機會再到已經成為歷史的現場去走走吧，那裏有著更多的 déjà vu（似曾相識的感覺），等待會面。終於我們找到了一個機會。

翻山越嶺的倒虹吸管

　　幼華台大環工所退休後，洗盡一身風華到 San Mateo 去寫環保專業回顧文章，更重要的是要孵蛋寫小說，試試他老姊於梨華走過的路；小如中研院動物所退休後，又當了龐大的國際鳥會會長，野鳥高飛的個性表現得更厲害了；長義則在台大地理系退休後，幫忙法鼓文理學院開設相關環境學程，不改他一生正面向上，一直累積能量的生活。很難得的，我們剛好在 2017 年 1 月 25 ～ 26 日除夕前找到一個時間，可以去谷關聚聚。

　　我另外開車從新社進谷關，白冷圳那些吸引目光，翻山越嶺，過去用來灌溉蔗苗、種苗、農業及輸送民生用水的大水管，與倒虹吸管，迎面而來。大水管靠的是「水往低處流」的重力原理前進，並沒有用到抽水機這類動力驅動方式，但因為取水口（大甲溪上游的白冷高地）海拔約 555 公尺，與目的地（新社河階台地）約 532 公尺的高度，上下垂直高度只差 23.49 公尺，兩地卻相距 16.6 公里遠，中間隔著好幾道起起伏伏的山區與河谷，所

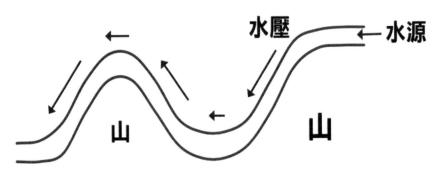

緩慢降低高度的「倒虹吸管」輸送原理。（陳華襄製圖）

以不可能一洩到底之後再走平地，用這種方式是不可能把水送往目的地的。故非不得已不直接下山，而是先利用緩慢下降的落差送水，必須翻山越嶺地走，但有時會被迫要先下山，譬如兩山之間有大谷地，不可能大幅懸空通過，這時怎麼再上山就是一個必須解決的工程難題。

白冷圳用的方法是「倒虹吸管」，水管走到了阿寸溪時就碰到這個問題，一號倒虹吸管就此產生。倒虹吸

白冷圳的倒虹吸管。（黃文光／提供）

管可以想像成是大溪谷的 U 字或 V 字型滑水道，水管從上邊的山頭順著滑水道下衝，衝力讓它產生自然的動力，衝到底後，壓迫前方的水流，走了一段後，從山底往上衝向另一邊的山頭。這裏用到了大氣壓力的虹吸原理，但因為形狀與傳統虹吸管剛好相反，所以稱為倒虹吸管，利用落差位能，累積動能，在不得已需先下再上時，則利用動能將水擠壓上去，以避免逆流或停滯，接著再以位能送水，將來自大甲溪的水，分送各地。在興建過程中，一定會遭遇到不少水壓的計算，以及水管構型的工程設計問題。

該一水利工程（1928 年興建，1932 年啟用，圳水長度 16.6 公里），與日治時期從武界引水（1934 年完工注水，引水道約長 15 公里），送水到日月潭以提高水位，利用高低落差的重力原理協助水力發電一樣，同屬台灣中部地區的兩大驚人水利工程。透過兩圖可簡略了解「倒虹吸管」的設計原理與工程實踐。

　　送水管系統在 921 地震後嚴重受損，白冷圳先在 921 重建委員會協助下，將其當為文化資產的一環，進行社區總體營造工作，後來成效斐然，令人高興。

　　車行甚速，接著經過裡冷部落與松鶴部落。當年整條線上落石不斷，一碰上大風雨就大坍方，沿路弄了幾個明隧道。再下去就是台八與台八甲（青山上線與下線），原來是從上谷關通到德基水庫的重要道路，那是個充滿爭議的地方，也是一個不知要花多少錢才能解決的地方，921 重建時若開國際標，估計不低於兩百億，還不一定有用，吵吵鬧鬧之後以在青山下線修建臨時便道，供當地居民使用為原則。谷關那座東西橫貫公路入口的大牌坊還在，現在看起來已是繁華的溫泉區，雖然要直通到德基與梨山仍有困難。這裏主要是泰雅文化區，但大都是漢人在經營具規模的飯店旅館，與仁愛及信義兩鄉並無不同。這三個地方是台灣過去占地最大的原住民鄉，在台中縣市合併後，和平鄉已改名為和平區。

　　負責 921 重建約兩年之後轉到教育部，有一次委員在立法院教育文化委員會問我，知不知道原住民有幾族，我說需要一個個講嗎？她一聽就不再問了；接著問我有去過什麼部落嗎？我可不可以回答說去過她的選區和平鄉，但也不願意講最近沒去過的部落名字，就說最近很久沒去拜訪了。沒

想過了十幾年，還是沒逃脫這個魔咒，想忘掉的終究逃不掉因果，那張網可就從來沒離開過。

左岸的小孩

大地震把河邊的山石都搖鬆了，稍有風雨就落石不斷，根本承受不住大颱風。2001 年 7 月底桃芝颱風再度繼 921 地震之後重創南投，尤其是陳有蘭溪沿岸；2004 年 7 月 2 日敏督利颱風與 8 月 24 日的艾利颱風接連重創和平鄉，尤其是大甲溪畔的松鶴部落。2004 年後半我已離開 921 重建會與教育部，但在敏督利颱風七二水災之後，曾與當年同事到松鶴部落去探視，看到滿坑滿谷的落石堆積在流域之中，令人十分感傷。我在〈聞雙颱盤據台灣上空〉（2004）一詩中，最後一段寫過我一直念念不忘的，大甲溪與陳有蘭溪左岸的小孩：

> 不知何處吹蘆管，一夜征人盡望鄉
> 山中隆隆的滾石聲，聲聲滾入
> 左岸所有小孩的夢中
> 夢中的小孩臉都朝向右岸
> 那裏應該是我明天睡覺的地方。

受害最大的松鶴部落位在大甲溪左岸，想像夢中的小孩不由自主的，都將頭轉往右邊，期待一個安全地方，這是一種童真的想像與期盼，其實右岸要不然山壁阻隔，要不然一樣是危險之地！災難總有過去的一天，當

損壞的石岡壩，斷層剛好在底下爆裂。（洪如江／提供）

修復後更加雄偉的石岡壩。

埤豐斷橋前拱出大甲溪的人工大瀑布，經常上國際教科書與專書封面。（洪如江／提供）

久違的埤豐橋。

思念在風中，相逢大甲溪畔

天空再度放晴，小孩可以是很健忘的（就像歷史容易被忘記），也可以是很陽光的，一旦再入夢中，一翻身可能就提早告別了童年，壓下恐慌，童真的想像與期盼一去不復返。

那些小孩經過這十幾二十年，應該都已長大，更多到外地去了吧！在他們夢中，還會偶爾出現這一段嗎？我也許可以安排去看看那幾位當年的小孩，但見了面大概也是恍若一夢，不會有什麼交集吧。鮮明的感覺經常只會留在當下，大人的記憶常常在提取上出現困難，小孩的記憶恐怕有更多是在成長過程中，來不及記錄進去，或者沒時間回憶以致流失的問題。

回程路過 921 兩個特大災區之一的東勢（另一為埔里），進入石岡已復建完成更見規模的劉家伙房，小小聚落無限溫馨；由土牛村與梅子村媽媽組成的石岡媽媽劇團，當年更是走了一大趟生命告白，引發很多共鳴。大甲溪上的石岡壩與埤豐橋則復破復舊如新，已經完全沒有過去刊印在期刊論文，與國際知名地震學教科書（*Bolt, 2004*）封面上的悽慘模樣，在那張照片上，車籠埔斷層在大甲溪埤豐橋附近造成 6 公尺錯動，形成一個小瀑布，遙望前方則是石岡壩。當年舊人已不知行走何處，想必一切安好。李白有一首〈送友人〉：

> 青山橫北郭，白水繞東城。此地一為別，孤蓬萬里征。
> 浮雲遊子意，落日故人情。揮手自茲去，蕭蕭班馬鳴。

恍惚之間也不知當年是誰送誰了，十餘年後更不知誰懷念誰，懷念之意在風中，似乎是越吹越響了。

落日故人情

　　很多影像逐漸就位了，由點到線擴及到面，還有流域以及無盡想像的空間，慢慢彙總勾勒出 921 的軟性面貌，現在就缺一個往地平線緩緩退去圓圓大大的紅色落日。在 2018 年由印刻出版的《生命之歌》詩集中，我將這段影像匯聚收斂過程中的一部分，抽出來寫了一段重返大甲溪沿線旅程，回想當年 921 重建場景的長詩，應該適合放在本文之末，當個紀念，正所謂「思念在風中，相逢大甲溪畔」。

相逢大甲溪畔（2017）

1. 趕路

　　　虹吸鋪管受重力導引
　　　翻山越嶺忽上忽下
　　　管內洶湧澎湃
　　　沒人能看透我們
　　　急急趕路的心情。
　　　灌溉是存在的理由
　　　搞定了才能在晚飯後
　　　聽到鄉民說幾句像樣的話。

2. 夢中的小孩

　　　當風雨止歇　亮麗的天空

開始書寫快雪時晴帖
晚上開始要作夢的小孩
一翻身就告別了童年。
溪中石頭來來去去
年年變換滾動的聲音
已經沒人找得到
當年哀哀哭聲
一路陪著尋找的河岸。

溪畔水中已不見亂石
傷痕就像　昨日的雲煙
沿著岸邊敘說離情
生命的呼喊一路往下流去
不忘回頭揮手道別。

相逢總是要再一次失去
就連青春也是地平線上
被山川層層攔阻的落日
記憶在後苦苦追趕
愈是急迫　退得愈快。

山上野櫻依然淡定
在清冷中閃閃放紅

迎風晃動的芒草
切割流動的日光。
不堪一路頻頻回首
重逢若在黃昏後
人間不許見白頭。

3. 懷念

漸行漸遠的不是只有容顏
還有不甘被遺忘的記憶
以及櫻紅白芒與野薑花。

陽光是最好的解毒劑
一年再過一年
殘破潰敗的必將再起
受苦的人不知悲傷
也沒時間自憐 一步一步
在陽光的祝福下
將山坡穩住
將河岸與河道鋪平。

終於要說再見了
此地一為別　孤蓬萬里征
我們互相的思念

思念在風中，相逢大甲溪畔

日後抬頭總會看到
白雲的問候　還有遠遠的
落日故人情。

• 黃榮村（2018）。《生命之歌》。新北市：印刻出版。
• Bolt, B. A. (2004). *Earthquakes* (5th Edition). New York: Freeman.

921震

輯 二

古今中外的
災難想像與教訓

小行星撞擊與恐龍滅絕

　　由於天外飛來橫禍，造成恐龍大滅絕，這個故事大概是自從我開始關心地球災難之後，往前推的最早期事件之一，愈知道多一些愈令人心驚膽跳，但在了解的過程中充滿了推理樂趣。

一切都從戈壁沙漠開始

　　我在中年之時有一陣子成為追恐龍一族，別人追星我追恐龍，大概是因為童年時沒好好接觸三葉蟲、恐龍與九大行星下的，一種遲來的補償心理吧。至於為何我們這些中南部出身的鄉下子弟，在很久以前何以沒有培養出北部城市小孩比較常有的嗜好，則是一個值得研究的孩童學習問題，涉及台灣特殊的區域與城鄉結構，以及社會經濟發展階段的各個面向，就不再多所論述，以免偏離主題。

　　我曾與一群做環境生態與生物及地理研究的朋友，到蒙古國的戈壁大沙漠去看紅色火焰崖壁（Flaming Cliffs）的峽谷，這是我直接觸及恐龍故

事的開始，那也是 1920 年代前後，紐約市美國自然史博物館發現完整恐龍化石之始（Colbert, 1984; Novacek, 1996, 2002）。這裡面涉及一位與火焰崖壁關係密切的傳奇人物安德魯斯（Roy Chapman Andrews），他在 1906 年到紐約市已經鼎鼎有名的美國自然史博物館求職，由於他只有學士學位，難以找到像樣的職位，所以可以說是先從清潔工開始工作的。

1920 年安德魯斯想辦法說服博物館館長 Henry Fairfield Osborn，支助他到中亞地區尋找人類起源的化石資料，Osborn 曾當過美國優生學會理事長，有強烈的種族優越性，對聲稱人類起源地是非洲的假說，一向非常感冒，安德魯斯所提可說對極了他的胃口，因此同意支助安德魯斯的探險計畫，並找幾位紐約有錢人包括銀行家摩根（J. P. Morgan），一起支持這個具有風險性的中亞探險計畫（Central Asiatic Expedition），其中的關鍵科學人物則是一位古生物學家 Walter Granger，他在 1890 年即已進入博物館工作。

這是史上第一次使用汽車的科學探險隊，於 1922 年從北京出發，隔年再去，都找不到什麼有意義的人類頭骨，了不起只挖到幾千年前的遺跡，卻在迷途找路時，意外發現了戈壁大沙漠的紅色崖壁峽谷，這是一個過去從未被發現，曾經是世界最偉大的恐龍與遠古小哺乳類的共同生活圈之一，中亞探險隊之後在這裡的挖掘結果，對日後了解恐龍大滅絕與哺乳類在白堊紀大滅絕之後的演化輻射上，提供了很大幫助。在這些重要的開挖結果中，包括有出名的原角龍（Protoceratops，這是指最早的角龍之意）及恐龍蛋、伶盜龍（Velociraptor，俗稱迅猛龍）、偷蛋龍（Oviraptor），與小哺乳類等。

中亞探險計畫繼續在 1925 年重訪調查，但到了 1928 與 1930 年雖然計畫仍持續進行，惟因戰亂之故，未能再進入當時稱為外蒙之地從事挖掘考古，而那裏才真正是過去恐龍的聚集之處。從 1930 年代到 1990 年以前，因為蒙古與蘇聯結盟以及內部的政治因素，美國自然史博物館從此以後未能再做這類挖掘考古之行，Novacek（2002）描述了蘇聯解體之後，1990 年方有機會再次進入這段空白了 65 年的旅程（以 1925 年為參照點），真是恍若一夢！

經過這一段初遇恐龍的經歷之後，我開始閱讀若干古地質與古生物書籍及論文，其中最像推理小說的情節，莫過於在 K-T 界線年代，恐龍滅絕的故事，這是一段世人最興趣盎然而且有證據的巨大天然災變之始。「K-T 界線」指的是 Cretaceous-Tertiary Boundary，亦即白堊紀與第三紀之間的界線，大約在六千六百萬年前，現在已改稱 Cretaceous–Paleogene Boundary 或 K-Pg 界線，指的是白堊紀與古近紀之間的界線，兩個名稱有點不同，但斷年是一樣的。

由於我受到恐龍的啟蒙甚晚，而且也不是科班出身，所以坦白講對恐龍長成什麼樣子、冷血或溫血、卵生或胎生、肌肉骨骼神經系統等類知識，興趣不大，倒是對恐龍什麼時候不見了、始祖鳥與中華龍鳥是鳥還是恐龍、鳥是恐龍的後代或者鳥與恐龍有共同祖先、是否恐龍滅絕後才促成哺乳綱勃興、人類的出現是否要感謝恐龍的滅絕、現代動物如鳥雞鱷魚是否還保留有恐龍基因、雖然恐龍化石抽不到任何恐龍基因但是否能夠合成之類的議題，特感興趣。

恐龍滅絕的大約年代

　　後來趁多次開會之便，順道參訪加拿大 Calgary 城外東北方一個半小時車程的 Drumheller 區，與美國南 Dakota 等地，先不管恐龍，單是看到各種奇特層次分明的裸露地層，與迎面撲來的大幅惡地地形，都是一種令人驚豔的現場體驗。在這些探訪中，發現包括 Dakota、Idaho、Montana、Wyoming、Utah、New Mexico、Arizona、Colorado 等州，一直到加拿大落磯山群（Canadian Rocky），與拍電影《侏羅紀公園》（*Jurassic Park*）的靈感發源地「Tyrrell 古生物博物館」（Tyrrell Paleontological Museum）等地，無非都是六千六百萬年前恐龍，包括暴龍（T. rex）的橫行之地，與戈壁大沙漠的紅色崖壁峽谷一樣，都有類似的迷人挖掘故事。如 1902 年在 Montana 的地獄溪惡地（Hell Creek Badlands），Barnum Brown 首度挖掘到暴龍化石，現收藏於美國自然史博物館。

　　這裡的特色是約有 40 ％的恐龍化石是三角龍（Triceratops），25 ％是暴龍。地獄溪裸露的岩石結構非常特殊，露頭的岩石層由下往上，分別是白堊紀地層（又稱地獄溪岩層，Hell Creek Formation，約 6,700 萬年到 6,600 萬年之間），與古新世岩層（又稱 Tullock Formation，屬於 6,500 萬年前到 5,580 萬年前的古新世，Paleocene），有趣的是底下的地獄溪地層保存了最後的恐龍化石，上面的 Tullock 地層則見不到恐龍蹤跡，中間明顯的有一碳化層分隔開來，好似底下的恐龍世紀越過這條分界線，就轉到了哺乳類世紀（Novacek, 2002；Brusatte, 2018）。

　　恐龍世紀始自二億五千萬年前，橫跨三疊紀、侏羅紀與白堊紀，大約

在恐龍世紀的最後兩千萬年發展出超人軀體與生態主導性，恐龍之王暴龍應該是這段期間要角中的要角。特大號暴龍的前身可追溯到一億七千萬年前，在原野中不是很成功的遊蕩了 8,000 萬年，最後才脫身而出成為頭號掠食者，但一樣消失於 6,600 萬年前（Brusatte, 2015）。對現代的學童而言，參觀科學或自然史博物館已經是必要科目，恐龍與暴龍更是參訪過程中經常會碰到的話題，認真想想那些神遊遠古眼睛發亮的小小臉龐！

恐龍滅絕的小行星撞擊假說

為了解釋恐龍的滅絕，有兩種非常不同的理論，一為極端的災變論「小行星撞地球」，另一為極緩慢的演化不利理論，兩者求證的過程亦極戲劇化，目前應以災變論占上風，愈來愈多科學家相信有很大可能是直徑十來公里的小行星，撞擊地球之後造成的結果，或者至少是重要的原因之一。不過，今日仍有飛行類恐龍（鳥類），以及恐龍的近親鱷魚，這些存在表示，若真是一場大災難即可全部解釋 K-T 或 K-Pg 界線的恐龍命運，則原則上應誅九族，何以選擇性的留下它們（鳥類與鱷魚等）！可見還是要懷抱一點看遠古推理小說的心情，才比較容易進入狀況。

恐龍走向黃昏是歷史事實，只是不知如何離去。其中一種問法是問恐龍滅絕的原因，究竟是因為基因不好、演化不利，或運氣不好？現在最為突出且已有不少粉絲的劇本，在當年提出時被當為沒有比推理小說高明到哪裡去，該一理論剛提出時，看起來就像一個如假包換的推理故事。這個推理故事裡面有幾個重要元素，缺一不可：

148

1. 目前已發現的恐龍化石，最晚近的年代是 6,600 萬年前。

2. 1977 年 Walter Alvarez，先在義大利中部，羅馬北方 160 公里處的鄉村古比奧（Gubbio）峽谷，在 K-T 界線（亦即 6,600 萬年前）的石灰岩沉積處，發現一層薄薄的紅土含銥層，Alvarez 父子分析後發現，該層的銥含量濃度比底下較老的白堊紀土層高出 20 倍，比上面較年輕的第三紀土層多出 160 倍。銥（iridium，鉑系金屬之一）在當時被認為主要來自外星球，後來陸續在世界其他地方如丹麥、紐西蘭等地，都有同樣發現，到現在為止已有超過 350 個可資證實的挖掘地點（Pickrell, 2014）。之後的分析又發現該類紅土層含有撞擊石英（shocked quartz）與曜岩（tektites），這些成分必是來自超高熱的猛爆事件。

3. 猜測可能在 6,600 萬年前，有外來星球（小行星或彗星）撞擊地球，由於球體太大（剛開始預估是直徑十公里左右，後來修正為 15 ～ 20 公里），可能是地球史上過去五億年內最大的外星球撞擊事件，撞擊之後造成大量噴發物瀰漫全球（包括大量的銥），其衍生的全球性災變後果，包括停留在平流層多年的噴發物，在往後持續的一段日子，滅絕了大部分的動植物，包括恐龍。該講法稱為「小行星撞擊假說」（Asteroid Impact Hypothesis; Alvarez et al., 1980）。

4. 既有重大撞擊，應有巨型大坑，但不一定在發現銥之處，因為銥是撞擊後散布出去的物質。

小行星撞擊與恐龍滅絕

5. 具有這些特性的巨大坑洞若處於可見的陸地，應已被發現，所以更可能是位於海洋之中。

之後經由世界各地 K-T 界線沉積物中所發現之銥，與疑似撞擊噴發物質的厚度，依該假說之精神，在分布厚薄程度的變化中，尋找與撞擊核心區距離的關聯性。這個科學推理遊戲的核心要點是：「已知恐龍死了，要費力去尋找冒煙的槍，以重建犯罪現場來認定罪首是誰」。最先找到的候選地點是位於愛荷華州的 Manson 撞擊坑，但很快發現不對，因為直徑只有 35 公里，而且定年之後發現，這是 7,400 萬年前的撞擊事件。

另外一個就是現在名聞天下的奇克沙魯撞擊坑（Chicxulub crater），這個撞擊坑其實已在 1981 年採油海中取樣時，就發現其中有蹊蹺，Glen Penfield 認為可能具有重大的科學含意，但因石油公司並不鼓勵這類非本業的研究，那時科學界也尚未開始追尋撞擊坑，而且不幸的這一些鑽油檔案在一場大火中燒毀，所以一直要到 1990 年代早期才重回舞台，這要歸功於 Alan Hildebrand，他利用求職面試的機會，得以判讀猶加敦半島與附近海域的重力場及磁場資料，並作出重大貢獻，當時他還在 Arizona 大學當研究生。此時最重要的事情，就是確定這是否確為外星球撞擊出來的大坑洞，重建現場以估計坑洞寬度，並由此推論撞擊小行星的大小（Verschuur, 1996）。

Chicxulub 是馬雅語，本意是「惡魔的尾巴」，現在是一小鎮名字，該撞擊坑因靠近該鎮故以此為名，撞擊坑位於墨西哥猶加敦半島的西北角落，有一部分以半圓形狀裸露於陸地上，其他則滑入海中，是一個有同心

圓形狀的大坑洞，總共寬約 180 公里，深約 28 公里，由此推估撞擊小行星直徑大約 15～20 公里。Alan Hildebrand 與 Glen Penfield 確定，在墨西哥灣猶加敦（Yucatán）半島海域發現的 Chicxulub 海底坑洞，直徑寬達 180～200 公里，坑洞定年是 6,600 萬年（Hildebrand et al., 1991），讓科學界對小行星撞擊假說更增信心，現在已愈來愈多人相信有這回事。

至於撞擊之後如何造成恐龍滅絕，可說是上述推論的逆推版本，包括撞擊後岩石中的含碳含硫氣體如何大量釋出，並造成酸雨，大量灰塵引發長期黑暗與全球寒冬，以及類似全球性火山大爆發效應等項嚴重環境後果，引發規模 11 以上的地震，激起席捲海岸地區的大海嘯，帶來不同類型與程度的滅絕。Alvarez（1997）針對恐龍滅絕多重原因說，指出印度的德干暗色岩（Deccan Traps）是火山大爆發後的沉積，尚無法排除它們以及其他 K-T 界線的火山沉積，與恐龍滅絕之間的關聯性。

自從 1980 年 Alvarez 父子提出撞擊說之後，一直到 1993 年間，科學期刊 *Science* 發表的支持論文約 45 篇，非撞擊主張的只有 4 篇，火山爆發論顯非主流論點，科學界最最熱衷的還是尋找撞擊後的大坑洞（Powell,1998）。縱使不排除火山爆發造成的影響，有些科學家仍主張小行星的強烈撞擊，會透過地函引發地球上另一相反方向位置的火山爆發，所以撞擊仍然是主因，但這種看法目前尚無明確證據可資印證（Dingus & Rowe, 1998）。其他研究者則陸續提出更多與恐龍滅絕有關的原因，包括全球暖化在內。

Schulte 等人（2000）經由全球性噴發沉積與生態變化化石資料，以及撞擊時間之模擬研判後，認為就如小行星撞擊假說所主張的，K-T 界線時

期小行星在 Chicxulub 的撞擊，應該確實就是恐龍滅絕的主因，而非另一印度／巴基斯坦的 Deccan 火山爆發。該一火山噴發假說主張，由於地函亦富含銥，因此從地函亦可噴發出大量的銥，分散各地，特大火山爆發的結果帶來大量的二氧化硫與二氧化碳，造成類似全球核子冬天的後果，可能是造成恐龍大滅絕的重大原因之一。但是本文一經刊出，過兩個月就在同一期刊 Science 上，被一陣撻伐，互相攻防，文中提出各種模擬，充滿了科學細節，也有很多推理成分，但基本上偏向解釋與學術攻防，而不是能讓人覺得聰明絕頂的預測，所以已經沒有原先那種令人興奮驚奇的推理樂趣了。

多重原因說

科學界的爭議仍未定於一尊，認為那段短期間內剛好前後發生小行星撞擊、火山大噴發、全球與區域性氣候變遷、海平面大幅下降（白堊紀晚期 CO_2 含量高達 2,000 ppm，全球暖化海平面上升，但到了白堊紀結束時，海平面大幅下降，嚴重影響動植物生態），恐怕都有影響，此稱之為恐龍滅絕的「多重原因說」（multiple causes），當不涉及人類關心的生命時，這些原因就被稱之為自然條件的變化，若與人類或生命有關，則每一個原因都是災變。在指認災難原因時，地質學家與古生物學家的看法就有很大不同，撞擊說不一定一直占上風，一有新證據新想法，就又風水輪流轉，連 Walter Alvarez 也認為恐龍滅絕可能不是來自單一成因（Prothero, 2018）。Walter 與他已過世的父親 Luis（曾獲諾貝爾物理學獎）一樣，深信恐龍滅絕應該是來自小行星撞擊，但個性上比較包容觀點比較多元，所

以在學術論證上，也比較願意多花一些時間來等待。

　　K-T 或 K-Pg 界線的行星撞擊導致生命滅絕事件，在地球史上可能並非唯一，兩億五千萬年前從二疊紀轉往三疊紀時，也曾發生過90%海洋生物與 70% 陸地生物大滅絕的事件，應有可能是來自類似外星球的撞擊所造成，但無法找到任何遺留的撞擊坑洞，因為海底長期以來擴張與隱沒之故，不可能有機會找到超過兩億年的海底地殼（Yeomans, 2013）。

　　類似小行星撞擊假說與多重原因說的對抗性辯論，在學術界很多理未易明的爭議中其實經常出現，但由於學術風格不同，以及對證據有不同認定方式，會讓不同研究者因此主張不同觀點。有關恐龍滅絕這類遠古事件的推理，如此有趣，如此重要，喜歡演繹與偏好歸納的人，一定會有不同的看法，想要定於一尊大概是不容易的，只能說若打群架的話，目前應該是「小行星撞擊假說」會明顯勝出！

• Alvarez, L. W., Alvarez, W., Asaro, F., & Michel, H. V. (1980). Extraterrestrial cause for the Cretaceous-Tertiary extinction. *Science*, 208, 1095-1108.

• Alvarez, W. (1997). *T. rex and the crater of doom*. Princeton, N. J.: Princeton University Press.

• Brusatte, S. (2015). Rise of the Tyrannosaurs: New fossils put T. rex in its place. *Scientific American*, 312 (May), 24-31.

• Brusatte, S. (2018). *The rise and fall of the dinosaurs: A new history of a lost world*. New York: William Morrow.

- Colbort, C. H. (1904), *The great dinosaur hunters and their discoveries*. New York: Dover.

- Dingus, L., & Rowe, T. (1998). *The mistaken extinction: Dinosaur evolution and the origin of birds*. New York: W. H. Freeman and Company.

- Hildebrand, A. R., Penfield, G. T., Kring, D. A., Pilkington, M., Camargo, A., Jacobsen, S. B., & Boynton, W. V. (1991). Chicxulub crater: A Possible Cretaceous/Tertiary boundary impact crater on the Yucatán Peninsula, Mexico. *Geology*, 19, 867-871.

- Novacek, M. (1996). *Dinosaurs of the Flaming Cliffs*. New York: Anchor Books.

- Novacek, M. (2002). *Time traveler: In search of dinosaurs and ancient mammals from Montana to Mongolia*. New York: Farrar, Straus and Giroux.

- Pickrell, J. (2014). *Flying dinasaurs: How fearsome reptiles became birds*. New York: Columbia University Press.

- Powell, J. L. (1998). *Night comes to the Cretaceous: Dinosaur extinction and the transformation of modern geology*. New York: W. H. Freeman and Company.

- Prothero, D. (2018). *The story of the earth in 25 rocks: Tales of important geological puzzles and the people who solved them*. New York: Columbia University Press.

- Schulte, P., et al. (2010). The Chicxulub asteroid impact and mass extinction at the Cretaceous-Paleogene boundary. *Science*, 327, 1214-1218.

- Verschuur, G. L. (1996). *Impact!: The threat of comets and asteroids*. New York: Oxford University Press.

- Yeomans, D. K. (2013). *Near-Earth objects: Finding them before they find us*. Princeton, N. J.: Princeton University Press.

聖經災難故事的現代考證

　　聖經記載的災難大概有三類，可粗分為預言式的災難、泛泛提及的地震與各項災害，以及有明確時間地點又是故事性極強的災難。很多讀經的人在讀到新約啟示錄第六章時，都會印象深刻，看到那本有七道封印的書卷被打開後的可怕情景，而且打開前面四道封印時，每一道都會跑出一匹不同顏色的馬出來，馬上握有權柄的啟示錄四騎士，會分別帶來瘟疫、戰爭、饑荒、死亡等不幸結局。最後的第七封印則代表更可怕的災難，面臨最終的嚴厲審判，需要更大的救贖。底下就是一些典型的敘述，例如啟示錄 6:12：「揭開第六印的時候，我又看見地大震動，日頭變黑像毛布，滿月變紅像血……」、啟示錄 11:13：「正在那時候，地大震動，城就倒塌了十分之一，因地震而死的有七千人，其餘的都恐懼，歸榮耀給天上的上帝」。新約啟示錄中所提警示末日論的七個封印，打開之後處處令人觸目驚心，也是很多災難電影的賣點，但個個封印背後所處理的皆係未來預言式的災難，未涉及是否需要查證或考證的問題，不符本文主題，就不在此論列。

另外　類則是聖經中經常提到的地震。舊約聖經經常在強烈的災難背景之上，鋪陳出大道理並給出嚴厲的訓示，如以賽亞書 29:6：「萬軍之耶和華必用雷轟、地震、大聲、旋風、暴風，並吞滅的火焰，向她討罪」。但並非只有舊約講災難，新約亦然，如馬太福音 24:7-8 說：「民要攻打民，國要攻打國，多處必有饑荒、地震。這都是災難的起頭」、路加福音 21:11：「地要大大震動，多處必有饑荒、瘟疫，又有可怕的異象和大神蹟從天上顯現」。這些敘述雖然不像啟示錄那樣恐怖，也非預言式，似乎是在平鋪直述一些確實發生過或者確會發生的事件，但並無明確的敘事結構，也無可資印證的時間地點，背後的微言大義亦無特殊性，本文也不在此論列。

聖經上記載很多聽起來是曾經發生過的災變場景，並藉此來對世間凡人做出教訓或者指出信仰的方向，但這些敘述究竟是寓言式或是曾經實際發生過，則有各種不同觀點與考證上的爭論。舊約聖經較之新約更具剛性與訓示，充滿黑暗之災的描述，重擊沒有信仰的國度，提出剛性神諭的指標，既有流離失所的焦慮與悲痛，又強烈傳達出想回歸先祖之地重建家園的決心，這是一個大文本的敘事結構。希伯來文舊約可視之為神聖經典的最早版本，是在西元前 587 年遭巴比倫統治者流放的猶太人，在流放期間編排出來，以創世與回返耶路撒冷為核心的故事及教訓，後來也是接續起新約聖經與古蘭經的大平台（Puchner, 2017）。底下僅舉三個被描述成已經發生過的例子以明之，它們都是聖經舊約上廣為人知，富含故事性，而且背後都有深刻教訓的示範性例子。

大洪水與諾亞方舟

聖經創世紀記載在六天創世造物之後一千年，耶和華為了懲罰人類子民多行不義，決定要降下大洪水，並要義人諾亞造方舟當逃難之用。雖然這段故事也可能是歷史上，淵遠流長之洪水傳說中的一環，但發生大洪水應有其邏輯上的必然性，因為冰河期之後冰川融解，造成區域性大洪水的機率是很高的（但創世論者則堅持主張是全球性的大洪水），要在考古遺跡中找尋地球上做過大洪水的證據，大概也不會太困難。

最早的大洪水與避難大船傳說，可能是寫在有史以來最古老文學作品《吉爾伽美什王的史詩》（*The Epic of Gilgamesh*）之上，這是於西元前1200年左右，依據更早期的文本所編寫之標準版本，應該是發生在美索布達米亞兩河流域的故事，以楔形文字寫在泥版上的書寫史詩（但在20世紀初才被破解），講述西元前2700～2500年，蘇美族人 Uruk 國王吉爾伽美什的英雄事跡，並敘述神降洪水毀滅人類，Ea 神提醒協助一對夫妻建造方舟載運動物與這對夫妻及眾人，六個晝夜洪水消退後，這對夫妻獻祭並得以永生的故事。舊約所敘說的大洪水與諾亞方舟故事，已經是在這部史詩所述之後很久的事，所以依常理，兩者應有共通的敘說來源，或是將該一史詩當為舊約故事的原型，而最可能的共同敘說地點應是在美索不達米亞，其中重要的差別之一是史詩故事為多神信仰，舊約則為一神（耶和華）的敘事觀點。

舊約中的大洪水依據敘述脈絡，應該是發生在中東或近東地區比較合理，或者被認為有方舟殘留遺跡的亞美尼亞，以及舊約記載方舟最後停留

之地的亞拉拉特山（現今土耳其境內）。主張舊約大洪水是發生在黑海的講法，則顯得相當特殊。兩位哥倫比亞大學海洋地質學家，熟知過去地中海、連接地中海與大西洋的直布羅陀海峽，以及連接地中海與黑海的土耳其海域之古地質與科學探勘，他們在作黑海的海洋生物探勘時，發現分別棲息在不同海床沉積上的鹹水殼蚌（mussels）化石，碳定年結果生活年代相同，當時黑海因冰河融冰大量流入成為淡水湖，但在冰河退卻後注水量變少水位因之下降，所以這些鹹水殼蚌應該是來自黑海外面的鹹水海，時間在七千多年前，也就是大約在同時間從外海被沖進來的。

他們依據這些結果與推論，提出一個出名的「諾亞洪水假說」（The Noah's flood hypothesis，或稱之為 Black Sea deluge hypothesis），認為地中海大量海水，通過馬爾馬拉海（Marmara Sea）與博斯普魯斯海峽，急速注入本來是陸間海而且水平面較低的黑海（Ryan & Pitman, 1998）。這個驚人過程可能來自類似舊約所說連降 40 天暴雨所造成的大洪水，或者陸冰大量迅速融化，也可能是來自地震或大隕石引發的特大海嘯。

該理論認為黑海內海周圍當時住著史上第一批農業聚落，當河谷與峽谷被淹沒後，集體遷往美索不達米亞（兩河流域）繼續拓墾。他們依此來說明大洪水與諾亞方舟，確有其歷史根源，但其他科學家的進一步研究，則認為這是過去一萬兩千多年來，地中海透過馬爾馬拉海逐步與黑海連通，而非透過短期內發生的大洪水。創世論者（Creationists）也不買帳，認為這兩位海洋地質學者指稱的是一個區域性的洪水，與舊約創世紀所講的是全球性大洪水的說法，並不相符。

依據上述，大洪水有來自美索不達米亞，或來自黑海的說法，兩者之

間似乎又有農業聚落移居的關聯性在，會不會是黑海邊的這批人在移居之後，將大洪水的故事帶到美索不達米亞去，兩河流域又有經常性的氾濫，因之很自然的將這類大洪水傳說，寫到「吉爾伽美什王的史詩」裏面？這種講法對很多考古學家與歷史學家而言，也是不恰當的連接與類比，引發了很多爭議，而且有人指出，若是從黑海邊移居到美索不達米亞幾千年之後，居然還可以將這個大洪水的故事，一代傳一代到最後還能夠寫入史詩，這未免想像力太過豐富了吧。

在科學史上，「諾亞洪水假說」這種由小看大的本領以及學術趣味上，與解釋恐龍滅絕的「小行星撞擊地球假說」，有很多相似之處，但在科學成功度上，則尚難以比擬，而且與後者明顯不同的是，「諾亞洪水假說」還涉及聖經信仰的問題。這些想要尋找證據的科學創見，都帶有很強的猜謎與推理成分在，至於能夠說服不同信仰強度的人到什麼程度，實在很難說。若將這個傳說，當成是聖經教訓上的一種比喻性講法，則不會有什麼爭議，也不會去強找證據，只不過這不是虔信者的基本態度。值得參考的是，在教宗若望保祿二世於 1992 年，公開為伽利略的科學觀點遭宗教迫害的歷史事件道歉後，教廷已經有一段很長的時間，不再特別強調諾亞大洪水是一個發生在全球各地的普遍性事件了（Montgomery, 2012）。

無獨有偶，教宗方濟各在 2016 年做了兩件穿越時空的重大和解行動。在基督教歷史上，東西教會在 1054 年大分裂成為羅馬公教與東正教；馬丁路德 1517 年在德國威登堡張貼拉丁文寫成的九五論綱，要求就贖罪券等問題進行公開的宗教辯論。這兩個事件雖然在爭論內容與後果上大不相同，但基本上都是涉及誰才是「正統」的宗教領導與神學詮釋之問題。教

宗方濟各選擇安排於 2016 年 2 月中旬前在古巴哈瓦那機場，與俄羅斯東正教牧首基利爾（Patriarch Kyrill）見面並發表聯合聲明；同年 10 月底赴瑞典隆德（Lund）出席新教宗教改革 500 年，與馬丁路德發表九五論綱 499 周年紀念會。看起來，這是一個可以大和解的年代，如此說來，聖經引述具有強烈故事性的重大歷史事件，包括諾亞大洪水與方舟在內，應該還存在有大和解的空間。

天際的隕石攻擊

根據舊約創世紀的記載，所多瑪（Sodom）與蛾摩拉（Gomorrah）是兩個罪惡之城，被上帝施以天火懲罰，天使告訴義人羅德一家到山上避難，再三告誡逃難時切不可回頭看，羅德的妻不遵神諭回頭看了一眼，便化作鹽柱。這種描述的最合理解釋，就是小行星撞地球，通過大氣層爆炸後，降下大量隕石與火球，毀滅了城市。

史上小行星撞擊地球，帶來傷亡的事件時有所聞，但其致命性與小行星直徑大小有關，其中一種愈來愈多人相信的說法是，6,600 萬年前直徑 15 ～ 20 公里的小行星，撞擊現在墨西哥猶加敦（Yucatán）半島，奇克沙魯（Chicxulub）小鎮旁海域，大量噴發硫化物與二氧化碳，進入大氣層，遮斷陽光，造成長年嚴冬，造成大部分動植物滅絕（參見本書〈小行星撞擊與恐龍滅絕〉文）。如果在聖經時代或現代，發生類似狀況，則地球上後出的人類大概與恐龍一樣，無所逃於天地之間，聖經的寓言故事也沒有機會寫了，所以縱使有小行星或隕石之類的撞擊，大概也不會太大才對，

要不然就不只兩個城市遭殃而已。有些聖經考古研究者則想辦法要說明所多瑪確有其地，就在死海之北的約旦河東岸，而且隕石撞擊之說也可在西元五千多年前的考古資料中，找到證據。

所多瑪與蛾摩拉的毀滅若確有其事，當然也有可能是火山大爆發造成的，這種可能性一直是對抗上述小行星撞地球假說的理論（Powell, 1998）。

舊約出埃及記與紅海海難

摩西帶領以色列人，在強風來襲將紅海一分為二時，通過紅海，隨後追趕的埃及軍隊，則全數葬身於分開後又復合的海水中。儼然是一幅巨大的紅海海難圖。雖然有些科學家嘗試模擬，在持續強風吹動下，海水確有可能一分為二，有的研究甚至還說發生這種一分為二可能性的地方，應該是寫錯了，不在紅海，這些講法的說服力都不是很強，恐怕還是多了解其寓言意義會比較好一些。在穿越紅海之前，聖經中還有上天向埃及這個不信神國度的強烈示警，亦即所謂的「埃及十災」，也是大部分發生在自然界的怪異災難。BBC 有一部紀錄片，主張上述這些災難，包括紅色河水、魚死蛙跳、閃電、冰雹、海嘯、旱災等災害，可能是來自火山大爆發之後的結果。

這樣一件穿越紅海的大遷移，在埃及的文獻中並無紀錄，也找不到摩西上西奈山領受十誡，及流浪沙漠與西奈半島 40 年的考古發現。至於舊約出埃及記的紅海，是否真的就是指那段深不可測，分開埃及與沙烏地阿

拉伯的鹽水內海，這點並非沒有爭議，有人主張這是對希伯來文舊約內文 Yam Suf 的誤譯，它其實是一個不深的淡水湖，湖中長滿水草，就叫做 Sea of Reeds（長滿海草的湖），與希伯來文的 Yam Suf 是一樣意思。研究者認為紅海事件應該是西元前 1250 年，發生在 Tanis 湖（鄰近東尼羅河三角洲的岸邊），電腦模擬結果發現在強風吹襲之下，湖中會起大浪，大風一吹是有可能吹出一條路來。在蘇伊士運河開通後，Tanis 湖已變乾枯。

所以，出埃及記中的紅海事件究竟是紅海中的神蹟，或者其實是發生在另一個湖泊的極端氣候與湖象事件？讀聖經的人可以各自解讀，信仰的事情恐怕是不能事事找證據，找不到就跳過這一段的（LIFE, 2018）。

結語

上述數例只不過在說明聖經中若干有關災變的描述，但是聖經在描述這些災變時太過精采，以致很多人著迷於這些故事性強烈的敘述，有時會因此忘了裡面想說的微言大義與神的教訓。綜歸這三個有名的聖經釋例，大洪水與諾亞方舟要說明的是人類不知敬神不知節制的惡行太多，非得做一次清洗重新出發不可，這樣才能替人類找到一條出路。天火懲罰罪惡之城的故事，講得更是直接，這兩個城市的住民惡行太多，找不到幾位義人，所以根本不必苦心降下暴雨四十個晝夜，只要晚上降下天火就可以了結。至於出埃及記與帶領族人渡過紅海，是先降下埃及十災，讓族人得以在摩西的帶領下從埃及出走並越過紅海，其目的是要形塑族人的堅定信仰，在曠野中尋找奶與蜜之地，建立神的國度。

聖經為何偏好採用這些末日景象當為重要的敘事脈絡，之後再藉機會訓斥或開示？我想講故事說教訓顯神蹟，若能加一段災難做前言，會製造出一種強烈的風雨欲來或無堅不摧的警惕作用，來警告那些信仰不堅與不信神的人。但現代人久受科學薰陶，動不動就要你拿出證據來，他們也許會說自己並不排斥宗教信仰，也很希望能從信仰中獲得有用的教訓，但是可不可以不要再講那些沒什麼根據的故事，或者就只將它們當作講道時的比喻即可？這就是一般人與虔信者之間的差異，一般人基本上是功能取向，看事情大而化之，只要講得通就想到此為止，但虔信者是有堅定信仰的人，對聖經上的每個字句都嚴肅以待，此所以聖經考古是一門很重要的學問。

威廉‧巴克蘭（William Buckland）在 1820 年就任牛津大學礦物學及地質學教授時，作了一個開場演說「闡釋地質學與宗教之關聯」（The connection of geology and religion explained），就將當前分散以及未能分類的地質沉積，歸諸於來自諾亞洪水過去的踐踏所致。巴克蘭是英國國教牧師，也是當時最有影響力的地質學家，好幾位英格蘭重要的地質學家都是他的學生。不只他們全心依照舊約聖經所寫的，在世界各地尋找神的旨意與蹤跡，現在的聖經考古與地質探勘也從來沒有停止過。

在這裡補一段由此衍生出來的話題。很多人愛談愛因斯坦的信仰，其實這是很難談的，因為他一輩子都在為這些問題奮鬥，與馬克斯及羅素這幾位面貌鮮明的無神論者是不一樣的，愛因斯坦一直很生氣被說成無神論者，因為他一直不認為自己否定人格神（personal God）的存在，就表示自己是否定神（God）的存在（Jammer, 1999）。他曾提出一個「殺死你

祖父詭論」（Killing your-grandfather paradox；Zeilinger, 2010），推論說在光速極限下，人無法回到過去與家人相見。能見到過去的家人，對有些人而言就是可以見到鬼魂，並依此申引愛因斯坦的推論證明了應該沒有鬼魂這回事，但事實上不是這樣，對另外更多的人而言則傾向於相信，並不需要回到過去才能見證到鬼魂的存在。

愛因斯坦其實應該只是不相信人可以回到過去，因為任何運動速度不可能高過光速，他是想要證明若人可以回到過去，則有可能會發生荒謬的結果。依據時光旅行的理論，若速度快過光速，才有可能回到過去，但假設你能回到過去與你已過世的祖父相遇（依現代定義，就是鬼魂），並在不明的理由下殺死他，則你就不會出生，所以，你不可能從現在回到過去，所以你的祖父並沒有被你殺死，所以，你會出生長大，因此你又可以從現在回到過去。這樣就形成了論證上的無止盡迴圈，永遠繞個不停，形成詭論，所以任何運動狀態不可能快過光速，這也是目前物理學界的共識。愛因斯坦在這裡的推論與主張，並沒有違反他對神（而非人格神）的信仰，但從這個詭論的證明方式，有沒有辦法看出愛因斯坦究竟相不相信有鬼魂存在？應該是沒有辦法的。

對我們這些研究心理與認知科學的人來講，心靈與意識研究的最後疆界就是靈魂。如果心靈和身體（mind-body）可以不為一體，並且假設心靈（mind）可以獨立存在，則目前流行且強勢從神經生理機制討論人類意識，並嘗試尋找與意識相關神經活動區域的理論（NCC, neural correlates of consciousness），或是從腦區激發及神經生理立場來探討人類的心靈現象，都是沒有什麼意義的研究方式，因為若心靈可以脫離身體成為獨立

的主體，則沒有必要也不可能以身體機制來規範心靈，這時的心靈現象與運作方式，自需有另一套不同的法則來描述。雖然以目前科學界的主流而言，很難支持這種觀點，但若真有一天發現確是如此，則神經科學就需退位，心理與認知科學的研究者更需改弦易轍，做出革命性的翻轉。

我有一次在演講後，與一位見識高超靈性充滿的神父聊天，問他相不相信有神蹟與死後有靈魂，他問我是要公開回答或私下交換意見，我說公開如何，他說不會在人員組成複雜的公開場合正式回答這類問題，那我說私下又如何，他很嚴肅的看著我說：你想我為什麼會做神父！我們的對話高來高去，但答案盡在其中，恐怕還是不信者恆不信，信者恆信，也就是說這類複雜的問題，以目前的科學水準來看，大概不可能會有簡單的答案。所以本文就不必做什麼結論了吧。

- Jammer, M. (1999). *Einstein and religion : Physics and theology*. Princeton, N. J.: Princeton University Press.
- LIFE (2018 March). *Moses: How his teachings shaped the world*. New York: LIFE Books.
- Montgomery, D. R. (2012). *The rocks don't Lie: A geologist investigates Noah's flood*. New York: W. W. Norton & Company.
- Powell, J. L. (1998). *Night comes to the Cretaceous: Dinosaur extinction and the transformation of modern geology*. New York: W. H. Freeman and Company.
- Puchner, M. (2017). *The written world: The power of stories to shape people, history, civilization*. New York: Random House.〔林金源譯（2018）《筆尖上的世

聖經災難故事的現代考證

界史》‧台北市：究竟出版。」

- Ryan, W., & Pitman, W. (1998). *Noah's flood: The new scientific discoveries about the event that changed history.* New York: Simon & Schuster.
- Zeilinger, A. (2010). *Dance of the photons: From Einstein to quantum teleportation.* New York: Farrar, Straus and Giroux.

環太平洋火環帶與地震預測

地震預測與其預警及潛勢分析，都是大家深感興趣的項目，潛勢分析是地震科學與板塊運動學家早就在做的工作，預警則是技術上已經發展出來的成果，最難的是地震預測（Yeats, 2015）。921之後已歷二十年，地震預測仍無頭緒，可能不是科學技術上的問題，而是地震本身所具有不易預測的本質所致。台灣在地震預警與警報發布上，能在大震之前提早發布，與日本同屬世界級技術先進國家，非常不容易。

環太平洋火環帶的通關密語

地震的潛勢分析，由於板塊運動與分區統計資料愈來愈齊全，針對全球較大尺度的地區都有地震潛勢之風險分析，尤其是針對環太平洋火山帶與都會區。世界板塊地圖已指出，大規模地震大部分發生在板塊邊界，且大部分的地震能量釋放發生在隱沒帶（板塊下降、滑入，或隱沒在另一

相鄰板塊的下力），其上之冷硬地殼承受應力而彎曲，若有大震則在斷層處形成破裂。板塊運動的相對速率與地殼特性決定了地震如何發生，但這兩者的複雜性都相當高，只能在地震發生之後做出事後解釋，或依此大約做出長期的風險估計，但非常難以預測下一次發生大地震的確定時間與地點。

環太平洋火環帶（Ring of Fire, ROF）是舉世矚目的火山、地震、海嘯活躍區，全長四萬公里，有五百來座具有活動力的火山（占全球活火山80%左右），全球90%地震發生在這條路線上，沿著太平洋岸的南美洲，跨越美國西岸、加拿大、阿留申群島、日本、台灣、菲律賓、印尼，一直到紐西蘭。全球80%左右的海嘯也是發生在這條線上。前不久到紐西蘭，那裏的人樂於談論原住民族的起源以及活斷層與地震，曾有出名的北島 Napier 地震（1931年2月3日，M_W 7.9，死亡256人），與南島基督城大地震（2010年9月4日，M 7.0；2011年2月22日餘震，M 6.3，死亡185人），一下子就覺得與台灣的關係非常密切。紐西蘭位在火環帶，每年地震上萬次，但並非地震規模大就會帶來巨大傷亡，這也跟震央深度與所在位置，以及發生時間有關。到了日本就更不用說了，一路上只要你願意談，都會有談不完的地震話題，尤其是當他們發現你是來自台灣的時候。在環太平洋火環帶上，地震是通關密語，現在又多加一個，海嘯。

日本廣為台灣所知的地震很多，包括有1923年9月1日關東大地震，規模8.3，死亡14萬2,800人，是日本史上死傷最慘重的地震。1995年1月17日則有神戶—淡路大地震，規模7.3，死亡6,434人，損失約美金1,000億，占當時日本GDP 2.5%。2011年3月11日東北大地震，更是舉

世震驚，震矩規模 9.1，死亡逾 1 萬 8,000 人，為日本觀測史上最大規模地震，災損約美金 3,000 億，但因核災之故，尚難完全估算。2018 年 9 月 6 日北海道地震，規模 6.7（震央深度 37 公里），死亡 39 人，其實相對於北海道地震，還有更強的 2016 年 4 月 16 日熊本地震，規模 7.3，死亡 146 人，但因受災地區札幌、函館與新千歲機場，都是國人旅遊常去之處，所以廣為人知。

　　日本災害發生前後的人民行為反應，與台灣顯有不同，但是重建過程並無兩樣。兩地雖然都有很好的地震學研究，與領先世界的極短期（幾十秒內）預警系統，但地震預測理論與技術迄今，進展仍相當有限，這是地震預測本質上的困難，與兩地的科技投入應該無關。倒是在災後有關的地震工程補強技術，與之後的防災工程及建築規範改進上，台日兩地可說是領先國際，災後重建的效率也是很高的。

　　我曾到美國勘過災，包括位處環太平洋火環帶，舊金山灣區的 Loma Prieta 震災，發生在 1989 年 10 月 17 日，規模 M_w 6.9，死亡 63 人，災損 60 億美金，主要是來自 San Andreas 斷層破裂；1906 年 4 月 18 日規模 7.8 的舊金山大地震，也是因為該一斷層大破裂所致。

　　印尼則處於環太平洋火環帶的多災多難區，2018 年 9 月 28 日又發生地震，震央在印尼東方蘇拉威西（Sulawesi）島中部的棟加拉縣（Donggala）山區，規模 7.5 並引發高達三到六公尺不等的海嘯，南亞大海嘯後在國際協助下建立的海嘯預警系統，未能有效發揮即時的預警功能，死亡人數一直上修，據估計逾五千人，對沿海 Palu 市帶來極大傷害。這次的地震與海嘯，讓大家再度想起發生在 2004 年 12 月 26 日，M_w 達到 9.1

的印度洋蘇門答臘附近海域的大地震，以及因地震引發的南亞大海嘯（參見本書〈921之後的世紀性災難〉一文），心中應有無限志忑。

禍不單行，2018年12月22日印尼位於爪哇島與蘇門答臘島中間的異他海峽（Sunda Strait），引發海嘯無預警襲捲周邊，可能是異他海峽中央「喀拉喀托之子」火山（Anak Krakatau）爆發，又逢大潮，引發海嘯，對爪哇島萬丹省板底蘭（Pandeglang，當地有烏戎庫隆國家公園與知名海灘）衝擊甚鉅，近五百人死亡。其中有一場沙灘演奏會正在進行中途，海嘯衝入席捲舞台與觀眾，非常嚇人。本次海中火山爆發形成的海嘯高度雖僅約一公尺，但因當地居民多在沿海建造房屋，且在毫無戒備的情況下遭難，因此傷亡慘重。接著12月29日菲律賓民答那峨島發生規模6.9強震，曾發布海嘯警報隨後解除。

看起來環太平洋火環帶從沒安靜過。

附註：M為地震規模的一般標示，M_W為以能量為主的力矩規模（moment magnitude），M_L為芮氏局部規模，以震波最大震幅（微米）取其對數（以10為底）所得之指標。三者皆為同一事件的不同算法。

火環帶上地震與大災難之預測

　　地震預測與預警是很不相同的兩件事，但都是科學界極為關注的研究主題。至於極大地震災難的預測，更是人民不得不關心的大事，那種致命性與恐懼感，遠甚於大風暴或大水災，至於全球氣候變遷與海平面升高造成的遠期效應，雖然更具全球致命性，但在即時強烈程度上，還是遠遠不如的。

預測與預警的科學

　　科學界與實務界對地震的預測，以及退而求其次的預警，皆已有相當認識，但不一定有共識（黃榮村，2009），底下做一簡短概述：

1. 地震預測

　　長期地震潛勢是從過去歷史、古代地震與斷層帶之監測，配合各地地質條件，畫出較粗略的時間與地區之地震風險圖（hazard map），如USGS在2014年針對全美國繪製的地震風險圖（每五年修正一次），加州則繪製UCERF（Uniform California Earthquake Rupture Forecast），專家小組進一步於2013年做出總結，認為未來30年內，加州發生規模大於6.7地震的機率達99%，規模大於7.5的機率為46%，而且最可能出現在南加州。至於靠近Cascadia隱沒帶的太平洋岸北加州，未來30年內發生規模8到9地震的機率為37%（Yeats, 2015）。

該　潛勢預估的不穩定度極高，國科會大型防災科技計畫在 921 之前，曾鎖定嘉南地區，但沒想到是來自沒被注意到的車籠埔斷層。921 之後立法院曾質詢過國科會花了不少錢，為什麼養兵千日不能用在一時？但是地震預測這種事，並不會因為政治干預，以後就會變得更準，何況很少聽說準過的。

目前唯一勉強算是經修正後成功的例子，是史上第一個由美國國家地震預測評估委員會（NEPEC）認可的地震預測實驗，所謂的 Parkfield 地震預測實驗（Parkfield Earthquake Prediction Experiment），在 1984 年正式展開。Parkfield 是坐落在加州 San Andreas 斷層帶上的小鎮，約有 40 公里長的斷層區，該實驗預測在 1988 ± 4 年之間，會在 Parkfield 發生 M = 5.5 ～ 6 的地震。此事經 *Science* 週刊廣為張揚而舉世聞名，但並未發生。惟該實驗並未終止，前三個地震發生在 1922、1934 與 1966 年，兩兩的間隔各為 12 與 32，因為看起來發生事件之間的周期有延長傾向，故建議修改為 34 年，亦即 1966+34 = 2000，故 2000 ± 4 才是適當的預測年限（Bolt,2004）。有趣的是，居然真的發生了，就在 2004 年 9 月 28 日，深度 7.9 公里，M_w = 6.0。但在主震之前六天內，仍未能偵測到有意義或可靠的前震或其他地震前兆（precursors）。綜歸而言，2004 年 Parkfield 地震的規模與斷層破裂範圍已被正確預測，但來襲時間則否，而且也未能在短期內發現前兆與前震。同樣的在加州與日本所作，在短期預測中尋找地震前兆的努力也告失敗（Bakun et al., 2005）。

相對於長期預測而言，短期預測及相關前兆的尋求，更像是長久以

來地震學家追尋的聖杯。1975 年 2 月 4 日（中國文化大革命仍在進行之時），遼寧省由於發現地表異常抬高傾斜、地磁不尋常變化、遼東半島海岸線升高、動物行為異常、地下水位升高，還有境內不斷有小地震，因此發布警報大地震將在兩天內來臨，疏散後果然在海城－營口地區來了一個 M = 7.3 的大地震。這也是中國大陸很多人責難何以在 1976 年 7 月 28 日凌晨 3：42 唐山大地震前（M = 7.8），未能及時預報，以致造成逾 24 萬人死亡 16 萬人重傷 100 萬人無家可歸的重大災害。2006 年唐山大地震 30 周年時，唐山經過重建，已由一百萬人成為七百萬人口的主要城市，但還是有人討論國家地震局在唐山地震預報及疏散上的責任，也提及當時離唐山一百多公里的青龍縣震倒 18 萬間房屋，但因疏散得宜全縣 47 萬人無一死亡。由於唐山預測的重大挫折，中國地震專家們預期在唐山大震之後一個月後，廣東會有大地震，很多人在外面睡了兩個月的帳篷。會有這些爭議，主要還是因為有些人一直認為大地震前總會有前兆，有前兆就應該可以作預測。

Bolt（2004）綜合過去曾流行過甚至是怪異的預測方法，發現包括有以動物的感官經驗與移動來預測的；也有以天象異常來解釋，如每 179 年星球連線的加總引力作用，造成太陽黑子活動旺盛，太陽風盛行改變地球氣候，引起地表壓力增加造成板塊運動，最後形成地震；天王星與地球之間的引力作用，會造成地震周期性的變化（1950 年代曾在 *Nature* 發表過）；岩石在壓力下破裂，也可預測大地震的發生，這是一種由小看大的「準備期」假說。

近代研究則以在地震活性高之陸地上，測量地殼岩石物理參數之變動，以當為地震前兆之參考，譬如 P 波速度下降、地表抬高與傾斜、水井氡氣含量增多、岩石電阻下降、小地震發生頻率變多等項，中央氣象局也有研究計畫在探討地震前大氣中電離層活動異常之證據。諸如此類，不一而足，但到目前為止都還在起步階段，究竟那幾項指標是可靠的前兆，科學界仍未有共識。

比較麻煩的是主張地球為一複雜系統的專家們。他們認為從根本上來說，某地地震發生的時間與規模是機會問題，此稱之為自我組織的臨界性（self-organized criticality）。一個由大量元素組合的系統（如地球），各元素之間的互動有無窮多的可能性，以致產生混沌行為，有時一點點小的變動（如採礦、打井、挖油），就可能使系統崩潰（地震），因此短期行為的預測是不可能的，此稱之為地震預測的虛無觀點。但是地質與地震學家基本上是經驗論者，比較正統的做法還是一路走一路看，既不太樂觀也不太悲觀，他們對地震預測的態度顯然還是審慎的樂觀（Hough, 2002）。

2. 震前即時預警

這是比長短期預測有希望且進展良好的部分。有一種早期警報系統（EWS），可在強地動來襲之前幾秒到幾十秒內通報，以作短期之應變，目前已在美國、墨西哥、日本、台灣、土耳其、中國等常遭大地震侵襲的國家，開發與應用之中。其原理是透過靠近震央各測站 P 波（低幅震波，比巨幅強地動之 S 波快速）抵達時間之偵測，來定位地震發生的時間與規模（Allen , 2003 , 2006）。以台灣為例，從震央到人口密集區之 S 波抵達時間設為 30 ～ 35 秒，若扣除計算規模的時間（如 20 秒），則尚有十來

秒的餘裕可送出預警，這點時間當然不能與颱風預報可提前三十幾個小時來比擬，但以現今仍無法對地震作較長期預測之科技狀態下，能爭取到十來秒作應變，也不無小補，譬如學校學生與高樓住戶可找堅固地方躲避、特殊作業（如採礦）的撤離、鐵路與捷運系統的減速、發電廠與工廠工地的停機、停止供應瓦斯、醫院緊急醫療（如開刀房）之處理、調整大樓主動控制之參數等。

　　地震不像颱風，可以在數十小時前（如36小時）即可預報，或龍捲風約12分鐘前，目前只能在震後藉著各種已出現的震波資料，來做整合分析與確認，因此資料的完整非常重要。從1974年起，中研院地科所即為研究目的，布設強地動網，迄1983止已有72站；出名的強地動加速儀陣列於1980設於羅東，以迄1990年，稱為SMART-1，之後的SMART-2則設於花東縱谷。

　　台灣強地動儀計畫（TSMIP）於1991～1996年間，在鄧大量院士與中研院地科所等學術單位協助下，由中央氣象局建立，迄2000年底共有640個自由場加速儀與56個結構物內（含大樓與橋梁）之陣列，可能是全球密度最高的數位化強地動偵測網。在921震後6小時內，收到一萬筆強地動資料，之後又蒐集兩萬筆資料，其中包括60筆斷層帶20公里內之強地動完整資訊，是有史以來全球最佳之強震紀錄，為後續的地震研究提供了良好基礎。由於強地動網發揮功能，中央氣象局得以在102秒內，藉助RTD系統（Taiwan Rapid Earthquake Information Release System）自動確定了921主震的位置、深度與規模，之後立即以網路與傳真送到相關單位（Shin, et al., 2002）。

依據中央氣象局的講法，由於 2017 年增加了三座東部海底地震觀測站之故，使國家地震警報從地震發生到發出警報的時間，可再加快數秒。未來目標是將發生在東部外海的國家地震警報，從現行需要花 20 ～ 25 秒發警報降為十秒，島內中大型地震則在兩年內，可從震後 15 秒發警報，縮短至 10 秒內發出，如此則可有更長的預警時間來應變。

　　但是利用破裂早期最初四秒之內的 P 波來偵測的有效性，需假設斷層破裂未完成前，即可決定地震規模，否則在規模不致構成大危害的程度時即發布預警，會帶來社會不必要的驚慌，或甚至是假警報。瀑布模式（Cascade Model）認為斷層破裂就像骨牌效應，破裂過程並非一開始破裂即具有決定性（deterministic），所以除非破裂已完成或停止（如 921 的 100 公里斷層破裂需時 28 秒，中國川震的 350 公里斷層破裂則需 40 秒），否則無法決定地震規模，若是如此，則這種幾十秒的所謂「早期預警」，並不能真的帶來多大好處，因為不能排除有假警報的可能。由於這些觀點上的差異，不同陣營的專家仍在爭議之中。如 Olson & Allen（2005）即認為 M > 5.5 的斷層破裂過程，多少具有決定性；但 Rydelek & Horiuchi（2006）仍不以為然。

　　另外，在預警資訊中並非距離震央遠就沒事，因為每個地區的地質結構所引發的土壤放大效應或液化現象，也可能帶來重大損害，如 921 的台北市與彰化員林鎮。1989 年加州 Loma Prieta 地震中，聖荷西市（San Jose）震波幅度雖不如舊金山市，但仍帶來極大的損害。

　　數學家與科學家 Freeman Dyson（1988）曾說過一段出名的話：「在

面對一個新穎與令人興奮的理論時，科學家的專業職責就是要嘗試去證明它是錯的。這是科學運作的方式，這是科學保持真誠的方式，每一個新理論必須在強烈而且經常是惡劣的批評下，艱苦戰鬥以求生存」，這段話套在地震預測這件事上，也還算貼切（Diacu, 2010）。這大概是目前地震預測與預警，尤其是短期地震預測所必須面對的困境。

巨大地震災難預測

Cascadia 隱沒區（Cascade 是一個接一個的意思），範圍從北加州延伸到北溫哥華島，全長 1,300 公里，被猜想成是下一個時間炸彈，等同於 1964 年規模 9.2 的阿拉斯加地震、2004 年蘇門答臘南亞海嘯規模 9.1 的海中地震、2010 年規模 8.8 的智利地震（1960 年則有過規模 9.5 的地震）、或 2011 年日本東北震矩規模 9.1 的 311 大海嘯的重大災變，其地震規模將大於 9，規模將更甚於火環帶西南角，出名的 2010 年 9 月 4 日紐西蘭南島基督城大地震，M 7.0，在 2011 年 2 月 22 日餘震時，M 6.3，死亡 185 人。Cascadia 隱沒區在結構上與造成南亞海嘯的蘇門答臘離岸斷層類似，幾乎同樣長寬，相似的板塊運動，可能產生的地震規模也類似。Fountain（2017）則認為 Cascadia 隱沒區離岸的結構，與板塊移動等形成條件，很像 1964 年阿拉斯加地震累積壓力的方式，一旦真正發生地震，則其受影響人口將比當年的阿拉斯加大震，多出 40 倍，應該好好準備因應的時候已經到了。

底下是一個流行的地震潛勢猜想（Thompson, 2011），在環太平洋

火環帶的四個角落，東南（智利）、西南（紐西蘭基督城）、西北（日本311）三個角落皆已頻傳大震，只有東北角在上次大震後已蟄伏310年，這是 Cascadia 隱沒帶所在地，其實在其上方已有 1964 年的阿拉斯加大震，下方則有 1985 年墨西哥城地震。Cascadia 隱沒帶鄰近的大都市有溫哥華、Victoria、西雅圖、Portland 與 Sacramento 等大城，人口合計上千萬，還可能往南影響到舊金山，整體而言造成的危害範圍及程度，將遠大於 San Andreas 斷層。至於其他的猜測不一而足，包括會引起對其他斷層的連動效應，以及造成影響環太平洋區的大海嘯，未來 50 年發生巨大災害的機率約 30% 等等，混雜著科學與猜測，是否可信還存在很多可爭議之處。

以前正統的說法認為 Cascadia 隱沒區與 San Andreas 斷層不同，在歷史上長期以來並無可信的大地震紀錄，因此很可能是不活動的非震區，但過去三十幾年來開始傾向不排除有發生大震與大海嘯的可能性，Bolt（1993, 2004）也持有類似看法。這個悲觀的大震預測，可能是最近與以後幾十年最受美加及世界注意的猜測。

同樣的，紐西蘭也憂心忡忡的提出地震預測，認為 2016 年 11 月 14 日南島的開庫拉（Kaikoura，在基督城東北方 90 公里處）規模 7.8 地震，似乎把紐西蘭南北島東海岸的 Hikurangi 隱沒區給震醒了，有可能發生規模9 的強震。

日本在 311 海嘯後，全民災害意識更加提升，推估未來 30 年內在太平洋沿岸再發生大地震的機率偏高，從靜岡縣海域延伸到四國海域的太平洋沿岸再發生大地震的機率偏高，從靜岡縣海域延伸到四國海域的日本南部海溝，30 年內發生大震的機率大於 80%。最近碰到四國高知縣的國立高

知大學校長櫻井克年（Katsutoshi Sakurai），他指出整個地區都開始做出準備，考量若真的發生 311 級的大震，則海嘯高度可以高達三十幾公尺，因此已經建造了一百多座海嘯避難塔，以及一千多處的避難所，整個大學也將這件事當為自己應該用心照顧的社會責任，全力以赴。日本任何地方都有可能發生大地震，整個社會對地震潛勢的推估都嚴肅以待，並在此基礎上提前做好準備工作，真是令人讚佩。

- 黃榮村（2009）。《台灣 921 大地震的集體記憶》。新北市：印刻出版。
- Allen, R. M., & Kanamori, H. (2003). The potential for earthquake early warning in Southern California. *Science*, 300, 786-789.
- Allen, R. M. (2006). Probabilistic warning times for earthquake ground shaking in the San Francisco Bay Area. *Seismological Research Letters*, 77, 371-376.
- Bakun, W. H., *et al*. (2005). Implications for prediction and hazard assessment from the 2004 Parkfield earthquake. *Nature*, 437, 969-974.
- Bolt, B. A. (1993). *Earthquakes and geological discovery*. New York: Scientific American Library.
- Bolt, B. A. (2004). *Earthquakes* (5th Edition). New York: Freeman.
- Diacu, F. (2010). *Megadisasters: The science of predicting the next catastrophies*. Princeton, N. J.: Princeton University Press.
- Dyson, F. (1988). *Infinite in all directions*. London: Penguin.
- Fountain, H. (2017). *The great quake: How the biggest earthquake in north America changed our understanding of the planet*. New York: Crown.

- Hough, S. E. (2002). *Earthquaking scienoo : What we know (and don't know) about earthquakes*. Princeton, N. J.: Princeton University Press.

- Hough, S. (2010). *Predicting the unpredictable: The tumultuous science of earthquake prediction*. Princeton, N. J.: Princeton University Press.

- Lay, T., *et al.* (2005). The great Sumatra-Andaman earthquake of 26 December 2004. *Science*, 308, 1127-1133.

- Olson, E. L., & Allen, R. M. (2005). The deterministic nature of earthquake rupture. *Nature*, 438, 212-215.

- Rydelek, P., & Horiuchi, S. (2006). Is earthquake rupture deterministic? *Nature*, 442, E5–E6.

- Shin, T. C., (辛在勤) et al. (2002). Strong-motion instrumentation programs in Taiwan. *International Handbook of Earthquake and Engineering Seismology*, 81 B, 1057-1062.

- Thompson, J. (2011). *Cascadia's fault: The coming earthquake and tsunami that could devastate north America*. Berkeley, CA: Counterpoint.

- Yeats, R. (2015). *Earthquake time bombs*. Cambridge: Cambridge University Press.

輯　三

———

核電爭議與全球氣候
變遷

福島核一廠事故與台灣核電爭議

　　2011 年日本東北 311 大地震與大海嘯是一個世紀性災難，沿岸五百來公里，住宅區與電廠工廠無一倖免，整個重建恐需十年之久。但是最困難的，還是福島受損尚未處理完畢的核電廠，很多日本當地人認為核電廠的處置結局如何，不到 2040 年左右應是難以見到真章的（參見本書〈921 之後的世紀性災難〉文）。

　　相對而言，技術與工程人員以及政府官員，通常比較樂觀。依據核電風險分析專家的看法，假設單一爐年運轉發生核心熔解的機率為百萬分之一，若現在世界上有 400 座核電機組在商業運轉中（美國約有兩成電力來自 104 座核能電廠），則每年發生嚴重核心熔解的機率，應為百萬分之四百。這是核能專家或政府部門可能有的常規講法，但民間與平民老百姓自有另外一套算法，他們是以現有的機組數為分母，以過去發生重大事故的機組數為分子，若要仿爐年概念，可再除以核電運轉的累積年數，當為加權之用。很明顯的，專家的理論機率與民間的主觀經驗機率大有不同，後者的數值遠大於前者，所以一般百姓總是認為核電廠沒有專家所講的那

麼安全。

福島核一廠的潰敗

福島核一廠有六座（號）沸水式機組（沸水式輕水反應爐，BWR），該類反應爐以普通水（亦即輕水）當為緩和劑，以與採石墨或重水當緩和劑者有所區分；核燃料為鈾 238 與鈾 235 混合的天然鈾，美國的反應爐使用局部濃縮鈾，將鈾 235 提升到 3%，這是一般反應爐級的鈾材料（而非核武器級的純鈾 235），鈾燃料在圍阻體內將水加熱後，水蒸氣透過蒸氣管道推動設於圍阻體外之渦輪機，由此帶動發電機發電。每一機組各有一壓力槽與外層的圍阻體，在 311 大震來襲時，4 號機停機檢查未發電，5、6 號機歲修中；1、2、3 號機則正在發電過程中，馬上啟動緊急停機標準程序，控制棒自動插入停止核分裂反應，但燃料棒仍在高溫狀態，冷卻用供水循環則改由 13 組柴油發電機備用電源控制。

311 大地震 49 分鐘之後海嘯來襲，十多公尺高的海嘯越過一英里長的防波堤與 6 公尺高的混凝土海牆，海水流入渦輪機大樓地下室，先弄壞12 個柴油發電備用電源，接著毀掉備用電池，控制室一片漆黑，冷卻用水之調控與供應失能（Birmingham & McNeill, 2012）。之後 1、3 號機組發生氫爆，1、2、3 號機組核燃料棒熔融，壓力槽破裂留下殘渣在反應爐中，尚未能清理。預計尚需十餘年才能取出燃料池內的核燃料，與反應爐內的高輻射性殘渣，並完成輻射汙水處理與廢爐作業。4 號機組則因停機

保養之故，此次海嘯雖亦有爆炸毀損，但未在反應爐內置入燃料束或添加燃料棒，2014 年底自廠內核燃料池中全部取出用過燃料棒（開沼博等人，2016）。

三個機組核心熔解後，政府命令使用海水來冷卻反應爐，這也意味著反應爐將無法修復。事後有人認為在三個機組自動停機，而且冷卻系統確已失效時，仍有充分時間考量以大量海水先行冷卻，雖然反應爐會因之作廢，但有可能避免後面發生更嚴重的氫爆與核心熔解。類似這類的爭議很多，對東京電力公司的專業與危機處理能力形象，帶來很大的傷害。

事故之後

核燃料棒是會一直放熱的，放入反應爐後需以水流循環冷卻，用過後需立即放入燃料池減熱並屏蔽放射線。因此在意外事故發生後，廠內輻射廢水與可能因此被汙染的地下水，以及排放與滲流到海裏的水，都成為極難處理的問題，福島核一廠與日本核能監督機構，還在大傷腦筋中。

位於福島核一廠南方十公里的福島核二廠，並未受損，但在 311 後亦關廠停止運轉。該二核電廠各自提供超過 400 萬千瓦的裝置容量，相繼停止運轉後，日本的實際核電供應比（非裝置容量比）在 311 地震後大幅下降，從 2010 年占總體發電量的 31.39%，下降到 2012 年的 1.94%，造成日本電力供應上的極大困難。

有些外媒（如 *Newsweek*）將這件事故當為頭條與封面報導，並冠名為「日本的車諾比事件」（Japan's Chernobyl），除了認定該意外的嚴重性與車諾比事故相當之外，亦有藉此批評日本政府與東京電力公司，在這件

意外事故上的處置，可比擬前蘇聯政府諱疾忌醫而且不專業的處理方式之意，日本國內對此事故更有激烈的批評。

在福島核災之後，台灣連續兩年針對東日本大震災舉辦台日科技高峰論壇（2011 年 9 月與 2012 年 9 月），由亞東關係協會主辦，多位日本知名大學與研究機構專家參與，有一些觀察與觀點值得參考，擇要列舉如下：

1. 依據 ICRP（國際放射防護委員會）提出的各類輻射劑量暴露建議值，日本災後之最大暴露值應維持在每年 10 毫西弗之下，小學與幼稚園校舍在重建期間，應維持在每年 5 毫西弗之下，中長期目標訂在每年 1 毫西弗以下，但無須在短期內為了勉強達成每年 1 毫西弗，而變得神經質。距離福島一號核電廠約一百公里的仙台市，災後輻射劑量約每年 2.4 毫西弗，在國際平均水準以下。

2. 311 大地震與海嘯，除損壞福島一號核電廠的 400 萬千瓦裝置容量外，尚有火力電廠的損壞，合計 1,800 萬千瓦。

3. 核能電廠是否重新運轉的關鍵在於電價，若改用火力發電取代，必須大幅提升火力發電效率，所以災後能源供應的最大問題，在於讓火力發電高效率化、提升核電安全性，與提升再生能源的經濟效益。

4. 充分運用太陽能與風力發電後，它們的合計占比還不到整體電量的

10%，難以填補核電缺席所造成的空缺。

5. 德國總理在 311 海嘯當年 6 月發表談話，擬在 2022 年前停止所有核電廠，並在 2020 年前興建至少 1,000 萬到 2,000 萬千瓦的火力電廠，再生能源增加至 35%，全國電力消費降低 10%。德國的決策依據與執行情況，值得密切注意與參考。

　　福島核災之後，日本的專家、產業與社會之間出現很大的落差，互相難以接受對方的觀點，這也是國際核電爭議經常無解的原因之一，台灣在核電發展及其爭議上，一向相當國際化，因此碰到的問題與爭議也很類似。底下依照台灣的核電爭議歷史、能源供應與非核家園公投等項，一一簡述之，福島核一廠事件則在適當處納入討論。

台灣的電力供應與核電爭議

　　電力為需求產業，台灣電力供應的系統裝置容量（非指實際的發電量，但兩者之間有密切關係），從 1946 年設高雄煉油總廠後，在 1950 年（民國 39 年）時容量約 27.6 萬千瓦，此後節節上升，到 1960 年頒布獎勵投資條例前，容量已增加到 71 萬千瓦，大體皆與石化工業之擴張有很大關係。獎投條例頒布後到 1968 年興建一輕前，升到 194 萬千瓦，核能占比 0%；建一輕後以乙烯為基礎的石化中下游產業急速擴充，逐步升到 530 萬千瓦，到 1978 年建三輕時，已逾 768 萬千瓦，核能占比 16.5%；到 1993

年五輕運轉時，約近 1,692 萬千瓦，核能占比 26%；2002 年六輕已加入營運，系統裝置容量約 3,200 萬千瓦，核能占比 16.1%；2009 年 4,024 萬千瓦，核能占比 12.8%；2017 年約 4,188 萬千瓦，核能占比 12.3%。

台灣電力系統裝置容量（包括民營發電）一路成長，軌跡明顯，與台灣的經濟發展及產業需求息息相關，近十年系統容量增加有限，但並非用電量沒有成長，大概是在核電爭議難解，核四封存，當為基載電力的既有核能機組無法全力啟用，又缺新增電廠機組之下，一再降低備轉容量之故。預估未來十年後電力系統容量，在新增之產業需求下，仍有超過 5,000 萬千瓦之可能（另參見本書〈全球氣候變遷與海平面上升〉文）。

台灣的核電爭議

反核（尤其是反核四）是一種在本質上，與其他環保運動相當不同的公民行動。核一於 1970 年興建，核二與核三則分別於 1972 年及 1978 年興建，在此之前並無重大的核電爭議，但在 1980 年代以後開始有較重大的核電爭議，主要與 1979 年美國三哩島事件及 1986 年蘇俄車諾比事件有關。三哩島事件時核燃料熔毀、緊急爐心冷卻系統失效，但燃料並未熔穿反應爐鋼槽，混凝土圍阻體亦未破裂；車諾比事件則是史上最嚴重的核反應爐事故，反應爐內以石墨當緩和劑，無混凝土圍阻體，爐心的核裂變碎片隨煙塵往外散布，幅員廣闊，對附近動植物與人類的生命安全，都帶來極嚴重之影響。

台灣從 1991 年開始有大規模反核（與反核四）遊行，反核人士對核能的主要疑慮，應非來自地質、結構體工程與建造及運轉成本，最可能的應是來自對核反應爐意外與核燃料最終處置上，那種自己覺得無法預期不能控制、若出事後果非常嚴重的恐懼感。

　　這種傾向悲觀式的風險知覺與根深柢固的恐懼情緒，讓一般人對搭飛機的恐懼高於自行開車，雖然依里程計，搭飛機的出事率遠低於自行開車，其道理是自行開車者認為這是自己可以控制可以預期的（自認一向技術不錯），而且若出事也不一定致命。這是很難用溝通方式來打開的心結，也是心理學研究所認定為不易改變的「穩定結構」（Slovic, 1987）。台電曾花將近一年時間提供各項數據進行溝通，但信者恆信不信者恆不信。這是一場不同理念與不同風險知覺下，持續對抗的過程，最近則在全球氣候變遷與 CO_2 問題日趨嚴重後，才稍有緩和的跡象。但因 2011 年日本東北地震與海嘯所引發的福島核災事件，全世界重新檢討核能電廠的安全性，反核之議又起，台灣亦面臨核四公投的困難問題，目前尚無解套方式。

　　台灣的核電爭議，淵遠流長，可以從最早的電力供應與反核歷史，以及尚未有公投法之前的核四公投講起，之後又全力推動非核家園、推動燃氣與綠能高占比，但也設定了降低二氧化碳排放量，以及擴大能源供應量與提高備轉容量餘裕等項國家目標。

反核歷史與最早的核四公投

　　前三座核電廠，1970 年建核一、1972 年建核二，與 1978 年建核三，

現在面臨的是除役問題，當時並無難解的反核運動，但開始累積台灣社會對核電廠核反應爐安全性與核燃料最終處置的負面看法。1979年美國三哩島核災，1980年5月台電提出興建核四，1982年已有三座核電廠六部核能機組，1985年反核浪潮興起，暫緩興建核四，1986年4月26日車諾比核災，1991年5月5日反核遊行，1991年10月3日保警楊朝景與反核人士起衝突，意外致死，為台灣社會運動與環保運動中因衝突死亡的第一例，重挫反核運動，澄社於同年10月31日組研究調查小組（黃榮村主持，成員有劉錦添、張茂桂、施俊吉、吳乃德、葉俊榮，助理有廖錦桂、陳建中與翁慧貞等人）。1994年5月22日貢寮鄉公所舉辦核四興建案公投，應到投票戶3,390戶，實到投票2,590戶（占76%），若以人數算則投票率為58.36%，投票人數5,898人，5,669票反對，逾投票人數的96%。1994年6月3日立法院預算委員會恢復已凍結六年之核四預算，7月立法院通過支持核四預算案。1994年9月澄社以報告方式發表《核殤——貢寮事件與反核運動》一書的大要，但後來並未正式出版。

1999年3月17日原委會正式核發核四廠建廠執造，核四開工，2000年政黨輪替，民進黨政府宣布核四停工計畫，2001年在朝小野大下復工，2006年追加預算543億，2011年福島核災，國際與台灣反核運動再起，立法院通過140億追加預算。2013年初掀起核四公投之議，但在政治攻防下並未啟動公投，2014年4月下旬宣布封存核四，並稱日後啟用核四，必須經公投決定。2015年7月核四正式封存，核四廠擬於2021年之前將全部核燃料（1,744束低濃縮鈾燃料棒）送返美國原廠，核一核二與核三不再延役，2025年全部停止核電運轉。但針對能源政策的辯論與以核養綠公投，並未止息，這是一場政黨與全民不同主張之間的對抗。

現在的能源政策訂定了很多內在自我矛盾的目標，如實現非核家園、推動燃氣綠能高占比、降低二氧化碳排放量、減少火力發電占比、擴大能源供應量與備轉餘裕、不調漲電價電費等，這些目標分開來看每一項都很有道理，但要全部滿足這些目標並獲得均衡，應該是無解或至少是很困難的，也許先訂個優先性，才是務實的做法。福島核災之後（2011年3月11日），確實帶動了全球反核風潮，日本的核電供應比（非裝置容量比），如前所述，也是大幅下降，但是過了幾年之後，日本的現實考量又起，從反核、減核到近期想方設法試探重啟核電的可能性。台灣在此過程中，也想要跟著東倒西歪，但對抗力量仍然極為強勁，島上風雲再起。

福島核災之後

日本在福島核災前對核電充滿樂觀想像，研議安裝快速滋生反應爐，擬增加核電以沖銷 CO_2 排放量，而且拓銷本身的核能工業，在2010年的能源規劃配比中，甚至擬在2030年時達到核電占50%的能源配比目標。這種對核電與核燃料循環的熱衷（從乏燃料中提取鈽與其他元素，然後重新回歸核電廠使用），讓日本成為世界最大非武器使用之鈽原料的貯存國。

福島核災之後，日本的核電供應比（非裝置容量比）大幅下降，從2010年的31.39%降到2011年的11.87%，2012年更少到1.94%，54座反應爐幾乎全面停擺，至今也僅有9座申請後將重啟發電，但近年日本政府在規劃未來能源發展時，仍不排除讓核電占一定比例，擬在2030年時占比達20～22%（已比福島核災前擬定的50%低很多），再生能源從現在的15%左右調升至22～24%，火力發電占比仍高達56%（其中燃煤占

26%，天然氣27%，燃油3%），可以想見這種規劃，除了再生能源之外，一定會在福島核災之後的日本社會引起重大爭議，顯見日本社會對核電仍有濃濃化不開的恩怨情仇。

至於美國近年來核能占比一直穩定維持在20%左右，並未因福島核災而有什麼變化，最近則天然氣發電首度超越煤電（32% vs. 30%），但各州有很不相同的能源占比，不再贅述。美國增加天然氣發電短期而言有利空氣清潔，但長期而言由於天然氣仍屬化石燃料，會排放溫室氣體，因此對全球暖化仍有不利影響。

英國的能源政策似未因為福島核災的影響，而改變其核電政策，仍約占18%左右。德國由於其國內一向強大主張綠能與反核的傳統，趁此機會淘汰舊核電廠，其核電占比從2010年的22%降到現在的13%左右。法國則仍是全世界核電占比最高的國家，約72%左右，但法國國內因福島核災之故，也開始有檢討降低之議。

核四封存與「以核養綠」公投

非核家園是陳水扁時期的政策宣示，2002年12月環境基本法第二十三條也寫入非核家園的宣示性條文「政府應訂定計畫，逐步達成非核家園目標……」，大家關注的是真要做到或者只求精神勝利就好，後來民進黨再度執政後國會過半，不只是核四繼續封存，也不只是求精神勝利，2017年1月電業法正式立法，在九十五條第一項寫入「核能發電設備應於中華民國一百十四年以前，全部停止運轉。」但另立政策目標要以綠代

核，並減少煤電占比，亦即要在未來幾年間裝置至少占有能源總量 12% 的綠能發電。

就減碳角度而言，核電與綠電互相取代，應無妨礙，問題是政策上已宣示在此逐步廢核過程中以及全部廢核後，還要保持在輸配電系統正常運作下，全國發電的備用容量率維持在 15% 以上，以及備轉容量率 10% 以上，這真的是做得到還是先停了核電以後再說？對這樣一個如此嚴肅的要命問題，當然有人不以為然，進而提出以核養綠的說法（英國有以綠緩核的做法，在不廢除核電的觀點上仍有相似之處），甚至在大型選舉時進行公投，想藉此當為修改電力供應政策與電業法的依據。

2018 年 11 月 24 日台灣九合一選舉，同時舉行公投，第十六案係俗稱所謂的「以核養綠」公投，旨在「廢除電業法第九十五條第一項」，公投主文為「您是否同意：廢除電業法第九十五條第一項，即廢除『核能發電設備應於中華民國一百十四年以前，全部停止運轉』之條文？」支持與反對比率各為 59.49% 與 40.51%，通過該公投案。政府在公投之後的直接反應為依公投結果，刪除電業法第九十五條第一項，但非核家園目標不變，已經擬訂的 2025 年能源配比「核電歸零，燃氣、燃煤與再生能源的發電比例為 5:3:2」，則仍維持原議。

「以核養綠」公投結果，促使立法院正式刪除了電業法九十五條第一項（2019 年 5 月 7 日立法院三讀通過刪除），2025 年因此不再是硬性的廢核規定年限，但核一二三廠是否延後除役以及核四是否重啟，仍有政策調整空間。除了通過該一公投外，2018 年的九合一選舉還另通過要逐年平均降低火力發電廠發電量 1%，以及不得新建或擴建新燃煤電廠或發電機

組（包括深澳電廠擴建）的兩項公投。火力發電包括燃煤、燃油與天然氣在內，都是化石燃料，因此該項公投結果與以核養綠公投結果互為犄腳之勢，這幾個公投打的算盤是，若政府無法在綠電與節電上，因應調整出國家需要的足夠電力，則核電尚可當為居中調節之用。

對執政政府而言，這可能是在合乎法治與尊重大多數民意下，所可能多出來的能源供應彈性做法，但若民進黨在一定時間內仍然繼續執政，則因為非核家園與反核為其長年核心思想，黨政之間如何在這些抉擇上取得均衡，一定是爭議不休危及政治穩定性的不定期炸彈。另外民間的反核淵遠流長，且已建立起與國際反核連線的合作模式，其所具有的策略與動員能量，不會因為誰執政而改變立場，這些都不是容易可以解決的問題。

2019 年 1 月底為了因應公投結果，經濟部提出最新評估，認為 2019 與 2020 兩年可做到年減火力發電 1%，且能穩定供電，但 2021 年起無法保證可以做到；此外，既有核電廠延役有困難，因此沒有延役之可能，核四也不重啟。行政院已出面背書該一主張，最後可能會發展出什麼結果，尚未可知。

由此可見，認為公投結果可以給政府有個下台階的說法，在理念型政治上可能不太管用，公投無法改變意志，策略性的堅持是反核運動的特色，而且深入滲透到政府施政之中，無解。民進黨從黨外開始反核電，到現在已三十幾年，從沒在這個立場上退卻過，現在通過一個所謂的「以核養綠」公投，執政政府同意廢掉核業法的期限條文之後，並不表示就不能在該原定期限到來時廢核，更不涉及是否放棄非核家園的理念。執政黨的黨內理論家可能認定政黨輪替已日趨平常，執政不會是永久的，既是如此，

若率爾放棄原先堅持的理念，以後再回民間將如何自處？在這種觀點下，放棄反核理念就是因小失大。對民進黨內在第一線操作路線走向的實務工作者而言，反核反威權反獨裁在過去幾十年來，一直是綁在一起的有效動員工具，放棄這個工具可能是拿石頭砸腳之舉。在這種氛圍之下，執政黨採取目前的因應方式，多少是可以理解的。

台灣在核電政策上互相對抗的民性如此強悍，雖出乎很多人意料之外，但並不難從根源加以了解，另請參見本書〈災害與汙染下，如何預測群體的動態行為〉一文。只是這樣下去，台灣的能源問題絕無最適方案，真走綠能，就要大幅提高支出，若走核能則反對者眾，若能取得折衷的平衡點，而非二選一，應也是大家樂見，不過看起來這種機會已在一點一滴的消失，難道這是台灣的宿命？

目前行政院核定的 2025 年電力供應容量配比，分別為天然氣發電占 50%，燃煤 30%，再生能源 20%，核能 0%。不過這應該只是一個概念式的能源轉型目標，因為如何處理已有的燃油、水力與汽電共生等供電容量，尚不清楚。2019 年 3 月經濟部在立法院公布的 2025 年新版能源配比，則將燃煤的 30% 改為 27%，另外 3% 為核能、燃油、抽蓄水力各 1%，2025 年 5 月核三廠二號機除役後，核電歸零，屆時平均電力開發成本應會大幅增高三成或四成以上，至於該一成本是完全反映在電價上或有多大比例由稅收補貼，則尚未可知。但該一能源配比的調整是否到此為止，其實也很難就此論定，因為到 2025 年之前政治政黨與民意的起伏，甚至國際能源供應觀點及實務的變化，都會決定往後的發展。

整個困境是很清楚的，若依循下列的電源供應走向：舊核電廠除役、不重啟核四、地方政府反空汙、要求燃煤發電廠減時減量發電、中央政府擬以燃氣（也是石化燃料）與綠電供應為大宗、綠能發電中又以離岸風電為主（台灣不適合發展較便宜的陸上風電），則整體電源開發成本與消費價格將大幅躍升。反對核電發展的一方，現在甚至將初級與次級核廢料的處置，視為與核電安全有相同優先性，並拿來當為反對繼續發展核電的主要觀點之一。這些主張與政策，都會遭遇到缺電不確定性與發電價格攀升的嚴重問題，這才是台灣整體電力供應上的罩門，因此社會上有一群人在選舉的敏感時刻，開始強烈主張重返核電。

現在的狀況是各方為了在爭議中獲得己方的利益，不管反核或擁核皆有強烈主張，提出各種論證來當為說服社會的工具。這類為了核廢反核的說法，就像為了空汙擁核的講法，都需要再發展出可信的論證，必須要有充分的證據與可信的推估，而且必須在民主法治的軌道上運作得出結論，否則很快就會陷入為了推動核電而用可能缺電來恐嚇人民，或者為了反對核電不顧可能陷入缺電風險的困境之中！台灣應該不至於沒辦法解決這個問題才對，所需的只是無私的情感與清明的理性。假如連這類問題都找不到可行之道，則台灣未來還有更多比這個嚴重的問題，需要解決！

如前所述，2014 年 4 月下旬宣布封存核四，並稱日後啟用核四，必須經公投決定。2015 年 7 月核四正式封存，核四廠擬於 2021 年之前將全部核燃料（1,744 束低濃縮鈾燃料棒）送返美國原廠，核一核二與核三不再延役，2025 年全部停止核電運轉。政府對 2018 年 11 月 24 日公投案的各種因應方式，顯然不符公投提出者的期待，擬在 2020 年大選年提出「重

啟核四公投案」。但現在因為在 2019 年 7 月 17 日修公投法，讓公投與大選脫鉤，改為兩年一次，這樣看來現在還不可能做出任何具有預測性的論斷，只知道大概還要再撐一陣子，這是典型的「不確定下做決策」議題之經典教材。過去瑞典的核電政策游移不定，內閣輪來輪去，核電廠一下建一下不建，陷入長期的煎熬，其他國家也經常在爭議中處理能源供應的難題，希望台灣能多學習國際上愈趨成熟的核電政策危機處理經驗，順利走出自己的路來。

- 開沼博、竜田一人、吉川彰浩（2016）。《福島第一核電廠廢爐全紀錄》。（劉格安譯，台北市：城邦文化出版，2018。）
- Slovic, P. (1987). Perception of risk. *Science*, 236, 280-285.
- Birmingham, L., & McNeill, D. (2012). *Strong in the rain: Surviving Japan's earthquake, tsunami, and Fukushima nuclear disaster*. New York: Palgrave Macmillan.

全球氣候變遷與海平面上升

　　裸露地表含有矽酸鹽礦物與石灰岩的岩石風化後，溶出新鈣，捕獲二氧化碳，形成新的石灰岩，或者將二氧化碳帶入海中，在海床上形成碳酸鹽沉積物，海洋地殼隱沒下沉之後，碳酸鹽又被分解釋放二氧化碳，經由火山口噴出。由於地球經常性的板塊移動與不停的造山運動，補充了被風化的岩石，形成自然循環，讓全球溫度得獲穩定。但人類卻是其中最不穩定的負面因子，在工業革命之後一直讓二氧化碳的濃度在大氣層中累積提升，使得全球溫度的變化開始具有人為干涉的成分在內。

　　CO_2 是第一個以高精密度做經常性觀測的大氣層氣體。1958 年開始在國際地球物理年資助下，於夏威夷 Mona Loa 山上海拔 3,397 公尺天文台所做的長期觀測，已明顯發現有長期穩定往上成長的濃度，該一趨勢圖現在慣稱為「Keeling 曲線」，Charles Keeling 並在 1960 年提出證據說明，化石燃料的大量燃燒是 CO_2 濃度持續拉高的主要殺手，到了 1970 年代以後，該一長期趨勢日益獲得全球科學家的重視（Graedel & Crutzen, 1997；Ellis, 2018）。相對於 CO_2 濃度在 1750 年（工業革命前）約 280 ppm，

2013 年 5 月 9 日首次超過 400 ppm，若此趨勢持續不變，則到了 2040 年可能達到 450 ppm 的濃度。

全球氣候變遷的科學與政治

溫室氣體排放

CO_2 不是唯一需要關切的危險氣體。某些大氣層中的氣體粒子，不能阻止陽光照射地表，但能有效阻隔應由地表反射到太空去的紅外線熱輻射，以致地表與低空大氣層的溫度提高（溫室效應），這種氣體通稱溫室氣體（greenhouse gases, GHG），包括有 CO_2、甲烷、N_2O、CFC_s（氟氯碳化合物，CFC-11 與 CFC-12）、$HCFC_s$、低大氣層臭氧、水蒸氣等。每種氣體的紅外線捕獲能力與停留在大氣層的時間各有不同，所以都有不一樣的「全球暖化潛勢」（GWP）。低大氣層（地表上空 10～15 公里之對流層）臭氧是一種溫室氣體，至於臭氧層破壞，指的是在地表上空 15～50 公里在平流層所發生的事。可以這樣說，以前全球一致最注意臭氧層的破壞，所以很快對 CFC_s 與 $HCFC_s$ 做出有效管制，現在則是特別關心更嚴重的全球暖化與海平面上升問題，所以對由人類活動引起的溫室氣體排放量最為重視，其中又以對 CO_2 排放之管制為首要。

若以 CO_2 當量計算人類所製造的各種溫室氣體，則以來自化石燃料

為主的 CO_2 排放占最大宗。在能源供應與工業製造上，會大量使用化石燃料，因此若要作出有效管制，則是一個涉及國家與人類發展的特大議題，遠比修補臭氧層的難度更高，目前還陷在困境中，但國際已逐漸認清這是一件與人類生死存亡攸關的關鍵性問題，正在積極展開國際協商，期待能有機會避開這個自己製造出來的人類發展悲劇。

海平面上升是全球暖化最嚴重的後果

包括 CO_2 在內的人造溫室氣體，在工業革命以後逐步而且大量增加，產生了最為人知的全球暖化，在 1950 年代左右比 20 世紀初多出 0.2°C，以此數值一直維持到 1970 年代，之後則以每十年平均升高 0.17°C 的趨勢往上調升。預估未來的全球暖化，若考量實際溫室氣體的最低與最大排放量，21 世紀末的全球均溫相較於工業革命前，大約增溫範圍在 1.1～6.4°C 之間，世界氣象組織與聯合國環境署在 1988 年成立的「政府間氣候變遷專門委員會」（Intergovernmental Panel on Climate Change, IPCC），過去皆以 2～4.5°C 為主要估計範圍，但最近則設定朝向增溫 2°C 甚至 1.5°C 之理想發展。不管怎樣，這些都是可怕的數字。由於不同腳本的推估，都涉及各國不同的經濟發展與政策選擇，因此要有效降低溫室氣體排放與減緩全球暖化，必須要進行複雜且積極的國際協商，這是一個非做不可的可怕工程。

全球暖化也可能是造成極端氣候的致災原因之一，其理論是認為因為北極暖化，造成上空對流層之上的噴流（jet streams）異常流動；春夏之交

太平洋海面溫度升高，造成聖嬰現象；全球暖化產生的冷熱對流與風切，造成暴風雨、龍捲風等現象。全球氣候模式預測暖化現象，將使水多之處降雨更多，水少之處降雨更少，該預測與若干觀測結果相符，亦即在北半球中高緯度區降雨增加5%以上，次赤道區則減約3%。將全球日益增多的極端氣候如颶風、乾旱、異常降雨、水災、龍捲風，連結上日益嚴重的全球暖化，並非是由觀測資料所顯現出來的明確因果關係，而是來自電腦模式與相關分析的判斷，這是目前科學研究上的限制，當然不宜就此作誇大解釋，但保險公司已將該一可能的關聯性，納入風險評估與收取保費的一環，這種做法其實不只是商業考量而已，它也是在已經有若干證據可供合理猜測時，積極因應不確定性以及在事前做好防災之考量下，一種保護自己利益以免遭受損失的因應方式。

最近國際科學界還出現一種理論，認為從環太平洋火山帶的深海岩芯沉積物紀錄，與冰島的火山紀錄，可推論氣候暖化冰層融解海平面上升後，大陸地殼負重減輕，海洋地殼負重增加，原本被冰層壓住的熔岩，以及海邊熔岩擠往陸殼，會從已壓力減輕的陸殼岩石間隙噴發而出，因此氣候暖化後的結果之一，是可能增加火山噴發的頻率。全球火山計畫從1900年迄今的統計資料顯示，火山噴發累積次數逐漸增加，但該趨勢是否因為來自全球增溫之故，則還需更充分的數據方足以論斷。

全球暖化的後果中最受注意的，還是海平面的上升，這對人類社會將是一個不可逆的致命性衝擊。1993年以來的衛星資料，海平面平均以每年3.4 mm的幅度上升，若條件不變，則過去100年的上升量應為34公分，但實際上整個20世紀的海平面升高量為17公分（包括海洋熱膨脹、暖化

陸上融冰，與其他因素造成的效應），表示最近幾十年，海平面才真正有急速升高的趨勢。單就陸上融冰造成海平面上升的資料亦可看出，過去四十餘年每年平均貢獻量是 0.7 mm，但近十餘年則超過 1.2 mm。

　　過去四千萬年地球史中，因為全球氣候與冰河期的起伏，造成冰蓋的出現及消失，這段時間的海平面變化與現在的相比，可以低於 120 公尺，也可以高出 65 公尺，以今日觀點來看，這是一個很大而且難以想像的升降範圍。只要地球增溫在 5°C 之內，高山冰川、小冰帽與海洋熱膨脹造成的效應，對海平面的影響增量在未來千年內，應在一兩公尺之譜，所以海平面大幅升降的關鍵因素還在於格陵蘭與南極兩大冰蓋的變化，這是最應被注意的焦點。

　　現在所說這些短期內的海平面變化，從地球長久的自然史來看，可能是不值得在意的微小變化，但對人類群居模式而言卻是不可承受的大災難，對島國、沿岸都市或低凹聚居區都將帶來致命性的衝擊，而且重點在於大自然都還沒出手，人類已將自己逼得快要陷入絕境。依據部分科學界人士都還認為趨於保守的 IPCC（2014）第五版估計來說，若人類社會不思改進，則以現在的趨勢估計，在 2100 年左右海平面上升量約在 58 ～ 98 公分之間，亦即都快一公尺了，全球有上億人住在高出目前海平面不到一公尺之下的地方，有些大都市如東京、上海、開羅、倫敦、紐約、紐奧良，都將陷入很複雜的風險之中，其中尤以紐奧良為最。其他數不完的問題，還包括有近一億七千萬人口的孟加拉與肥沃的埃及尼羅河三角洲，將因此失去生產稻米與其他作物的功能，而且要疏散密集的人口。

　　但是還有更勁爆的，依據最近 Jonathan Bamber 等人（2019）的推估，

全球氣候變遷與海平面上升

在 2100 年時海平面上升量有可能達到 62 ～ 238 公分之間，上限的推估是假設屆時全球增溫 5°C 時，大概海平面上升超過兩公尺的機率達 5%，這是一個可怕的模擬數字，其主要立論係彙總 22 位專家針對格陵蘭與南極冰帽，在全球暖化之下所做的各種融解速率研究，並考量熱膨脹、冰川融解與陸地水儲存量等因素，所作的推估。這些資料很多是在 IPCC（2014）之後所蒐集到的，尤其是冰帽融解的部分；至於高增溫（5°C）狀態的設定，相當於全球一仍舊慣不做改善，也就是在維持現狀（business-as-usual）下，所可能發生的 2100 年增溫量，據此計算海平面上升幅度，將有一定的機率（5%）會超過兩公尺。若真發生這種上限慘劇，地球上將有 179 萬平方公里（約三個加州大）的陸地，沉入水中。不過最近 IPCC 的估計與國際協商，一向抱持比較樂觀向上的精神，對全球增溫的設定都盡量朝向 2°C 左右立論，很少會講到 5°C 的，總認為人類社會會警覺體認到這個大危機，而在減碳與碳中和上做出大努力，所以應該不會走向不歸路。這也就是被部分科學界人士認為估計太過保守的原因，但因為 IPCC 的報告係出自集體合意下的結論，所以本文基本上採用以 IPCC 為主之估計。不過縱使採用這種保守的估計，已經可以看出是災情處處，都快要哀鴻遍野了。

印尼 2019 年總統大選後，擬議將首都雅加達遷出爪哇島，傳聞婆羅洲是候選地點之一，最主要的理由應該是印尼內部地緣政治的重新安排，但官方所提出的最大原因，是為了因應全球氣候變遷帶來的困境。雅加達老城與北部臨海地區因為超抽地下水等因素，所引起的地層下陷問題日益嚴重，已經有一段長時間的廣泛性淹水問題，現在面對海平面上升，更是雪上加霜，依據若干現狀不變下（as usual）的模擬，到了 2050 年時，雅加達

北部95%區域將成為海水淹沒區。17世紀前半荷蘭在巴達維亞（Batavia）老城，現在的雅加達北區，設立東印度公司（VOC）亞洲總部，當為經營東南亞、中國、日本、台灣等地的大本營，在印尼獨立發展史中也深具歷史意義，如此歷史名城竟然也要面臨遷都危機。

　　台灣西岸是開發最為密集之區，也是未來處理起來最頭痛的地方，已有學者建議仿效荷蘭，以一公尺上升量來當為21世紀末之預估值，並提早仿荷蘭做法以資因應。

　　地球在過去冰河期高峰時，海平面降低，大部分的水貯存在冰川（glaciers）與冰蓋（ice sheets）之中，若全部融解流入海中，則海平面將因之上升200公尺，大約是平均海洋深度的5%（Incropera, 2016）。地球全部的冰蓋若融解，具有提升70公尺海平面潛力，其中格陵蘭冰蓋若全融入海中，可以將海平面提升七公尺。冰蓋水流在出海口形成比海上浮冰要厚上很多的冰棚（ice shelves），可達數百公尺厚，相對而言海上浮冰約僅幾公尺厚，冰棚占有南極冰蓋11%面積，可有效阻擋冰水流入海中。可能因暖化之故，最近面積龐大的南極Larson C冰棚，崩裂進入海中成為冰山，冰棚裂解本身不一定會造成海平面上升，因為冰棚本身在過去已身處海中而不在陸地上，但冰棚裂解後冰蓋與山上冰川及冰帽水流失去阻隔端點，會加速流入海中，尤其在該區暖化後此現象將益形加劇。格陵蘭海岸則缺少像南極岸邊的大冰棚，低海拔處又已接近融點，因此冰水更易加速流向海域。

　　占有地球2/3面積的海洋，吸收了最多來自太陽的能量，海洋的儲熱能量約是大氣層的千倍以上，因此形成所謂的熱惰性（thermal inertia）

現象，亦即不會即時反映溫室氣體的致熱捕獲效應，海洋需要時間慢慢暖化，這種作用讓今日全球暖化的嚴重性得以降低，但也表示縱使今日停止所有會導致暖化的溫室氣體，未來仍會繼續暖化。在考量全球暖化時，必須將這一點考慮進去。從 1955 ～ 2005 的 50 年之間，海洋的熱含量增加了 10^{23} 焦耳，相當於燃燒 40 兆噸煤炭，也就是現在全球年煤炭使用量的 8,000 倍，亦即遠多於地球的全部煤炭儲存量，若將該數值除以全球表面積，大約是每平方公尺 0.5 瓦。

　　假設人類已將地球每平方公尺的輻射平衡改變了 1.6 瓦，其中 0.5 瓦跑進了海洋，所以需要處理的就是這 1.1 瓦。當大氣層 CO_2 當量增倍時，其輻射效應為每平方公尺 3.7 瓦，將增溫 3°C，若為 1.1 瓦則增溫 0.9°C（3x1.1/3.7=0.9），該增量大約也就是觀測的結果，所以海洋暫時幫人類延緩了 0.4°C 的增溫，但以後總是要還回去的（Archer & Rahmstorf, 2010）。

　　凡此種種，在以前總是令人半信半疑的，現在忽然發現巨人已經醒過來，而且不只是風雨欲來，應該已是厄運臨頭，因此不只科學界將全球暖化議題當為大規模的研究標的，國際間的來往協商也是不絕於途，焦急之情溢於言表，這已經是挽救人類生存的關鍵時刻。底下試做一彙總，並就主要問題予以論列，但由於各種參考資料不只表示方式不同，不同年代不同模式不同版本的估計數值亦有差異，本文旨在反映一般趨勢，故不強求一致，特此說明。

全球氣候變遷的科學與事實

有些科學上的不同判斷，會影響我們對全球氣候變遷所造成危害的看法，如底下兩種說法：

1. 天然的溫室氣體種類繁多，包括 CO_2、N_2O、甲烷與水蒸氣在內，不能視為一般的環境汙染源，因為它們在大氣層中攫取紅外線輻射（infra-red capture），使得地球從 -18°C 的黑體輻射（black-body radiator），增溫成為平均 15°C 的可居住環境。亦即，溫室氣體吸收從地球來的長波輻射能力，優於吸收從太陽來的短波輻射，因此若無溫室氣體，地球就如冰冷的黑體一樣，不適人居。

2. 地球從一萬一千七百多年前重新進入間冰期（inter-glacier period），趨暖是自然現象，但又會朝冷化方向變化，現在談的全球氣候變遷，其實只是地球長期演化過程中的一個小變化，不足為異。

地球在冰河期與間冰期之間輪流演變，依照馬林科維奇循環（Malinkovitch cycle）的理論，係來自地球本身的自轉與繞著太陽公轉之間所發生長周期的複雜互動。地球上一次間冰期約在十二萬五千年前，那時的海平面比現在高約五公尺，自從上次約二萬一千年前的冰河期高峰之後，地球氣候開始變暖，但其變暖的速度與 20 世紀相比，要慢上十倍左右（IPCC 2007）。地球本次的間冰期會持續多久的預測，從數千年到不少於三萬年以後，地球若因人為因素一直增溫並不會毀掉地球，但人類社會

要等到地球自然降溫，來解消人類製造出來不可忍受的全球暖化，大概是遠遠的緩不濟急。

因此縱使上述的科學論斷有其基本看法，但只要人為製造多出來的溫室氣體（尤其是威力強大的 CO_2 與氟氯碳化合物），沒有儘快受到控制，則在短期內就會產生嚴重後果，包括海平面上升在內，這根本不是人類社會所能承受的，雖然就地球本身而言，只是滄海桑田的一瞬間，但對人類可能就是永永遠遠。這一世代人在當下的地球上，有這一世代人的困難，縱使該變化只在這一百年內發生，也是一場大災難。臺灣在面對全球增溫時，則有島國的相對劣勢，必須比其他國家優先處理海平面上升與土地利用問題。

IPCC（2001）提出一個出名的「曲棍球棒曲線」（hockey-stick curve），以說明北半球從西元 1000 到 2000 年之間的地面溫度變化。先以 1961～1990 的 30 年均溫為基礎線，之後兩邊減去該基礎均溫，發現西元 1000～1900 年與基礎均溫的差異約在負 0.3°C 左右變動，但在 1990 年代以後則急速升高，亦即在 1990～2000 年之間地面溫度減去基礎均溫後，急速躍升到接近正 0.7°C 的幅度，而且在 2000 年結束前的三個十年，越來越趨暖化。這整條曲線可說是在以 30 年為範圍的基礎均溫之前，都仍平穩的在負 0.3°C 左右變動，但在之後則急速躍升到 1998 年的正 0.7°C 左右，簡言之，西元 1000 年後的 900 年均溫相對平穩，最後 100 年則急速升溫，整個曲線形狀就像一根曲棍球棒。當然也有不同的聲音出現，因為該曲線並未分別考慮 11 世紀的中古暖化現象，與 16 世紀小冰河期的氣候資料推估。之後同一陣營研究者做了更大範圍與改善過的氣候統計分析，

仍然確定了前述結論，而且認為該一急速暖化現象來自人為成分居多，暖化則與大氣層中 CO_2 濃度增加有緊密關係。

北極圈則是受此影響，會更快速發生暖化的地方，而且暖化速度高於全球平均增量兩倍以上。一個由極圈八國所資助的研究與 IPCC（2014）都指出，極區在本世紀末的增溫將高達 7°C，該現象稱為「極圈放大效應」（Arctic amplification）。該效應讓極圈的夏季海上覆冰逐漸流失，陽光反射量減少，讓地球因之更熱，但是海上融冰造成的效應與冰川及陸上冰蓋並不相同，海上覆冰在過去已大部分沒入水中，因此融冰之後海中總體質量並未改變，不會因此而升高海平面水準。有些國家反其道而行，研議如何因之獲益，因為融冰之後，海上交通運輸變得更方便，漁場更為擴大，若干貴重金屬與稀土元素的挖掘，以及離岸開發石油及天然氣的機會大增。在這種既要迴避災難又要發國難財的弔詭狀態下，全球暖化的國際折衝，不免有各懷鬼胎的成分在內。

大氣 CO_2 濃度與地球溫度之間的連動關係，究竟誰先誰後的認定，部分是建立在南極冰芯的古氣候研究上，但這部分的分析方法論與研究結論充滿爭議，有三種不同看法，一為地球暖化在先 CO_2 濃度變高在後，一為兩者同時發生，另一為 CO_2 濃度變高在先地球暖化在後。聽起來好像猜謎遊戲一樣，不過現在應該是比較傾向於相信 CO_2 濃度增加在先，確實是造成全球暖化的主因；另外則認定化石燃料的人為過度使用，是造成大氣 CO_2 濃度急速增加的主因。

不管如何，最近這幾十年是越來越熱了，最嚴重的後果之一是全球暖

化帶來了海平面上升。過去從冰河期進入間冰期，或者地球繞行太陽軌道周期的變化，都會造成海平面水準的變化，但除了這些自然因素之外，人為大氣層溫室氣體濃度的增加與全球暖化，已開始造成海平面上升。其中一個原因是海水變暖後因熱膨脹之故，增加了海水體積，另一則為陸上的冰川與冰蓋融解後流入海中，尤其格陵蘭與南極冰蓋融解，可能是未來最大的影響來源（IPCC, 2014），融冰之後的陽光反射量大幅減少，由地球吸收轉而增溫，形成惡性循環的反饋機制。

世界各地冰川在 19 世紀之後開始消退，大約在 1850 ～ 2010 年間，只有 25% 的流失可歸諸於人類活動所造成（Marzeion et al., 2014），但從 1970 年代早期開始翻轉，人為因素成為主要影響，1991 ～ 2010 年期間冰川容量的減少，有 70% 來自人為因素。冰川融解過速不只影響海平面上升，也影響周圍的生態與自然變化，如喜馬拉雅山高山冰河季節性產生的水流，對周圍十餘億人的農漁產生態系統影響深遠，若因全球暖化而加劇，則受害的幅度絕不可輕忽。

全球暖化的爭議觀點

針對全球暖化議題與限制溫室氣體排放的早期芻議中，一般人的看法也許認為這是在尚未有立即危險下，提前啟動的防災措施，因此雖然反對方對主張全球暖化方所提的證據與評估方法多所質疑，並強調在科學上的不確定性，也低估對人類及環境的傷害性影響，但尚不至於完全否定全球暖化的可能性。雙方攻防的關鍵，在於既得利益的維護與即將到手利益的爭取，以及既有保守右派與自由市場意識形態的反動，因此可以想見是誰

會出面反對，包括美國的石油、煤炭與瓦斯等項化石燃料產業，與參眾兩院的共和黨立場，以及現在共和黨的川普總統，還有力爭上游正在衝刺發展階段中的國家。美國的反對意見中，認為主張全球暖化的人是披著羊皮的自由派狼群，是危言聳聽的末日信徒；發展中國家則主張工業化國家製造最多的溫室氣體，應做更大的減量，不應由過去並非排放主角的國家來扛起不成比例的重擔。

還有，IPCC 的一些主張並非全無爭議，如 IPCC（2001）所提的「曲棍球棒曲線」（前文已述，係來自 Michael Mann 的研究），被認為在方法學上未將 11 世紀的中古暖化期與 16 世紀的小冰河期放入，這些自然因素都會在過去的長期氣候變遷中，帶來上下起伏波動的結果，而且不能歸因於後工業革命時代的人類活動，「曲棍球棒曲線」被認為隱瞞或操弄了這些結果，以致未能將這些重要趨勢反映出來，而繼續認定西元 1000 ～ 1900 年與基礎均溫的差異約在負 0.3°C 左右，表現出來的是相當微小的變動，其實不符過去幾個世紀曾經有過的重大變化。後來科學界陸續修正與擴大氣候資料取樣範圍，並修正估計方法，多少維持了「20 世紀暖化的現象在過去從未有過」之結論，但信者恆信，不信者恆不信，不少人仍然打不開這個心結。另外在 IPCC（2007）中也出現了幾個輕率的認定，如主張喜馬拉雅山的冰川將在 2035 年完全融化，事實上以目前狀況推估，也是好幾個世紀以後的事；另外主張極端氣候所帶來的經濟損失，直接與氣候變遷有關，這種講法目前尚在推論階段，不宜作如此強烈的科學主張。該二認定顯然係未能做好內部嚴謹的學術審查所致，以致在理未易明時情勝於理。

一般而言，隨著證據愈來愈清楚，國際的共識也愈來愈高，這些爭議慢慢從科學認定轉化為政治協商問題，過去糾纏不清的科學與利益糾葛，似乎開始有了比較清楚的輪廓，雖然離具體落實有效的解決方案還有很長的距離。

全球暖化的政治協商

為了透過禁用 CFCs 與 HCFCs 來保護臭氧層，世界多數國家於 1987 年簽訂了《蒙特婁議定書》（Montreal Protocol），但全球暖化的議題一直要到 1988 年，才在「世界氣象組織」（WMO）與「聯合國環境署」（UNEP）的贊助下，設立「政府間氣候變遷專門委員會」（IPCC），包括代表 120 個國家大約 400 位自然與社會科學家，從 1990 年首度提出溫室氣體排放後果的科學評估報告（1991 年正式出版），之後在 1995、2001、2007、2014 年（或稱第五版），陸續出版正式修正版本，2018 年則出版《全球暖化 1.5℃ 特別報告》。這些報告對簽署《聯合國氣候變遷綱要公約》（UNFCCC），以及推動後續的「氣候變遷締約國會議」（COP, Conference of Parties）相當重要。

1992 年在巴西里約熱內盧的地球峰會上簽署 UNFCCC 之後，在此基礎上推動了後續的常規締約國會議，首先於 1997 年在京都舉行，並簽署《京都議定書》（The Kyoto Protocol）。台灣首度參與 1992 年在里約熱內盧的地球峰會，並非以締約國而是以民間團體身分組團參加，雖不在主會場，但我直到今日仍能感受到他／她們得以出席該一世紀峰會，心中的

興奮之情。嗣後台灣仍以同樣模式，積極參與往後的 COP，受到國際的關切與支持。

過去的國際協商

IPCC 的第一份評估報告於 1991 年正式出版，提出減少全球溫室氣體排放的建議。1992 年在里約熱內盧地球高峰會議中，第一次跨國簽署《聯合國氣候變化綱要公約》（UNFCCC），公約中寫下著名的第二條款：「穩定大氣層內的溫室氣體濃度水準，以防止危險的人為干預氣候系統。該一水準應在一定時間框架內達成，以提供足夠時間讓生態系自然調適氣候變遷，確保食物生產不受威脅，也要讓經濟發展得以永續進行。」

1997 年國際簽署《京都議定書》，工業化國家同意在 2012 年之前，將溫室氣體排放量平均削減到比 1990 年排放量還低 5% 的水準，這是第一個為了履現 UNFCCC 精神所簽署的協議，現在看起來當然已知是空話一句，該國際協議的規範力，遠不如《蒙特婁議定書》在臭氧層破壞（ozone depletion）問題上，所曾發揮過禁用 CFC_s 的強大效力。

臭氧層損耗與國際聯合行動的成效

像全球氣候變遷這種必須跨國合作才能處理的大事，早有極圈平流層臭氧層被破壞大幅變薄，但透過國際協議弭平破洞的成功案例可供參考。

1970 年德國 Max Planck 化學研究所的 Paul Crutzen，發現土壤細菌產生的 N_2O（笑氣），會跑到平流層分解為 NO，這是一種溫室氣體，將

因之耗損臭氧濃度，大量使用氮肥則會惡化該一趨勢。1974 年加州大學（UC Irvine）的 Frank Sherwood Rowland 與 Mario Molina 認為氟氯碳化合物（CFCs），尤其是化學性質非常穩定的冷媒 CFC-11 與 CFC-12，在對流層中不能分解，但經過一段時間上升到平流層後，在 20 ～ 25 公里高度受到陽光輻射下，分解釋放出氯原子及其氧化物，會嚴重的分解催化臭氧。他們三人的研究結果與農業界及工業界的利益，有嚴重衝突，因此一直未獲正視甚至遭到敵視。1985 年英國的南極研究團隊發現，自 1970 年代中期以來，南極圈的臭氧層在每年 9 月與 10 月有嚴重耗損，該一發現震驚全世界。

這些發現促成了從未曾有過的國際合作，在 1987 年簽訂了致力於修補臭氧層破洞的《蒙特婁議定書》。他們三人則在 1995 年獲得諾貝爾化學獎。記得大概在 1997 年左右吧，我還在國科會擔任人文與社會科學處處長，晚上到福華飯店與來訪的美國國家科學院人員餐敘，旁邊一對夫婦，問那位先生專長，他在餐巾紙上寫了不少氯與臭氧的化學反應，我也沒少問，他就一張一張寫下去，後來又談到我以前在哈佛時一位導師 Duncan Luce，沒想他們是在 Irvine 的鄰居，這下連他太太也加入戰局了。劉兆玄事後問我知不知道互談這麼久的他是誰，我說不知，沒問，劉說他是 Rowland，是搞臭氧層損耗的諾貝爾獎得主，我說怪不得有兩把刷子。

1987 年簽訂了國際應合作致力修補臭氧層破洞的《蒙特婁議定書》之後，至今已有三十幾年的歷史，從近期的衛星資料看來，南極臭氧層破洞確實正在減小當中，科學家在 2016 年發現南極上空的臭氧層破洞，

與 2000 年相比縮小了 400 萬平方公里,預計 2050 到 2060 年期間,臭氧層的面積就能回復到正常水平。不過因為氟氯碳化合物的壽命極長,不易在短短幾十年中就全部消散,因此,即使到 2060 年,南極上空破洞大概還不能完全補滿。不過這已經是一場曾經做過非常辛苦的布局,齊心努力而逐漸走向成功的國際環保合作大業(Zerefos, Contopoulos, & Skalkeas, 2009),對於剛完成的巴黎減碳排放公約,應該也很有啟發與激勵的意義在。

IPCC 評估報告與 COP 國際折衝

十多年前 IPCC(2007)第四版評估報告,已認定不容忽視的全球暖化確已發生。大氣層中 CO_2 水準從工業革命前(pre-industrial period)一直保持穩定的 280 ppm,升至 2006 年的 380 ppm,這是近五十萬年來的異常現象,人類對化石燃料的過度依賴,必須有所矯正。IPCC(2007)作了兩個主要的預測:

1. 相對於 20 世紀平均增溫 0.6°C,21 世紀末各種可能性平均後之增溫值在 2 ～ 4.5°C 之間,最佳之估計為 3°C,但不可能小於 1.5°C。

2. 20 世紀海平面總體上升平均值為 17 公分(平均每年 1.7 mm),但在 1993 ～ 2003 期間增加值為每年 3.4 mm,依此推估 21 世紀末之海平面上升平均值為 18 ～ 59 公分。

IPCC（2014）推估目前導致海平面升高的分項貢獻量，認為海洋熱膨脹造成的效應為每年 1.10±0.30 mm，冰川融解占 0.76±0.37mm，格陵蘭冰蓋造成 0.33±0.08 mm，南極冰蓋 0.27±0.11 mm，全球陸地水量貯存之變化造成每年流入海中的增量為 0.38±0.12 mm。若以 1986-2005（地球每平方公尺的輻射熱量為 2.6 瓦）與 2081～2100 期間（估計每平方公尺為 8.5 瓦）做比較，則海平面的上升範圍將從 260 mm 升到 820 mm。屆時 2081～2100 年的海平面每年上升率約在 8 mm 到 16 mm 之間，則在 2100 年左右，海平面將升高到 580～980 mm 的範圍，已經快到一公尺的增量。而且這還不是終點，因為海洋增溫有延遲效應，它一直還在增溫中，熱膨脹也一直在持續中。

IPCC 2014 第五版與 COP21

在 1750～2011 年之間，地球升溫了 0.85℃（0.65～1.06℃ 之間），人類排放 CO_2 的累積值達 2 萬 400 億噸（標準差 3,100 噸），其中約 40% 停留在大氣層中，其餘則從大氣層逸散與貯存在陸地植物土壤及海洋中，海洋吸收約 30% 人類排放的 CO_2，導致海洋酸化。這段時間的人為 CO_2 排放約有一半發生在過去 40 年。工業革命約在 1760 年代，前工業革命指的是 1750 年前後，但在估計全球氣候變遷時的比較參考值，指的是 1850～1900 年的全球表面均溫。

各種預估模式對自然發展不做特殊因應措施下的全球表面增溫，都不抱樂觀，認為在考量氣候本身不穩定的變化因素下，若與 1850～1900 年的均溫相比，極有可能在 2100 年增溫 2.5～7.8℃，只有將 2100 年的 CO_2

當量壓低到 450 ppm 以下，才有可能將升溫維持在 2°C 以下，亦即若與 2010 年相比，2050 年的溫室氣體排放須減量 40 ～ 70%，而且在 2100 年時須做到零排放或負排放。若要在 2100 年將全球增溫維持在 1.5°C 之下，則須將 CO_2 當量壓低到 430 ppm，而且在 2050 年時，相對於 2010 年水準，要減量 70 ～ 95%。

這些看起來都是很困難的問題，接下來就是跨國的政治協商了，這一版 IPCC（2014）報告，送到 2015 年在巴黎召開的 COP21（Convention of Parties 21）進行討論與協商。這是 2015 年在巴黎舉行的聯合國氣候變遷大會，亦即《聯合國氣候變化綱要公約》（UNFCCC）國家第 21 次締約方會議（《京都議定書》則是第 11 次締約方會議之共識結論）。此次 UNFCCC 國家的 COP21，共有 195 個國家簽署，期望 2100 年升溫目標只比工業革命前（1760 年代之前）多出 2°C，並盡一切可能壓低到 1.5°C。

之後，IPCC 在 2018 年 10 月發布的特別報告指出，若與工業革命前相比，人類活動導致全球升溫達 1°C，約在 0.8 ～ 1.2°C 之間，若現狀趨勢維持不變，全球增溫在 2030 ～ 2052 年間可能將達 1.5°C。若與升溫 2°C 相比，將 2100 年目標定在 1.5°C，則海平面上升可減緩 10 公分，氣候模式指出區域性的極端氣候與洪水乾旱之頻率與強度可以減少，極圈在夏天融冰的機率與珊瑚礁死亡的比例降低，對生態系與人類健康及福祉也有明顯改善。為達到該一目的，其中一種做法是到 2030 年時，CO_2 水準應比 2010 年水準下降 45%，到 2050 年時 CO_2 排放量應淨值為零，亦即若有新的排放，必須減掉同數量的舊排放，以保持淨值為零。這在物理與化學原理上是做得到的，但如何做到，才是關鍵，未來短短幾年是關鍵時刻。

1.5°C 當然比 2.0°C 好，但如何做到？這不是單純去碳技術（carbon dioxide removal, CDR）的問題，更是各國如何調整其發展目標的問題，每個國家面對該一問題有不同想法，所以需要國際協商與協助。

行動的困境與 COP24

在這件大事上面，「只有承諾沒有行動」的現象非常嚴重，美國總統川普甚至於 2017 年 6 月公開宣布，退出 2015 年底已經簽署的《巴黎協定》（目前已有四國退出）。UNFCCC 國家所共同舉辦的 COP21，期望 2100 年升溫目標設定為最多比工業革命前多 2°C，並盡一切可能壓低到 1.5°C。批評者認為，以目前北約組織（NATO）國家的狀況，能壓低到 3°C 已甚不易。但各國承諾不斷，如法國、荷蘭等國，跨政府協議包括碳稅與碳排放交易，在 2018 年所提出的降低 CO_2 方案所花經費，約是過去的 5 ～ 10 倍。但是承諾與實踐之間顯然還有很大的落差在。

法國馬克宏總統高度關注全球氣候變遷，他鼓勵民眾購買電動車等更有利於環境的交通工具，並宣布 2019 年起提高燃油稅計畫，以減少對化石燃料的依賴，並提供資金投入可再生能源之研究，另外也反對恢復徵收富人稅。這些舉措，馬上在 2018 年 11 月引起影響深遠的黃背心抗議運動。

2018 年 12 月在波蘭卡托維茲（Kantowice）舉行全球氣候變遷會談 COP24，美國川普總統的行政團隊，並非不知道溫室氣體造成地球暖化的科學研究，但仍認為急著要去掉造成溫室氣體的化石燃料煤、油與天然氣，是一件不切實際的事情，應該是要先發展出有效率的燃燒與使用方

法，並發展碳捕獲技術。這種講法得到世界主要化石燃料出產國俄羅斯、沙烏地阿拉伯與澳洲的支持。

　　COP24 從 2018 年 12 月 2 日開始商議，究竟要如何落實 COP21 巴黎氣候協議的大目標，此次談判因為以中國、印度、巴西和南非為首的新興經濟體，認為已開發和開發中國家不能採取齊頭式平等，應對發展中國家採更寬容做法，因而多次陷入協商僵局。12 月 15 日在近兩百國的馬拉松談判之後，就框架的施行細則達成若干共識，制訂了長達 156 頁的「施行細則手冊」，確認 2023 年全球減碳目標的盤點機制，同時也制定出透明的溫室氣體監管、排放與減排規則，以及設立綠色氣候資金新目標相關進程等項，並各自提送沒有強制性的、「致力於將增溫限制在攝氏 2℃ 或 1.5℃ 以下」的國家意願書。但在碳排放交易制度上則尚無共識，美國等幾個強勢國家雖表同意但不太牢靠，IPCC（2018）的「全球暖化 1.5℃ 特別報告」建議，亦未能寫入協議之中，這些議題都還需繼續研議。

　　在此困境中提出在 2100 年維持增溫 1.5℃ 的期望，確實不容易，應值得嚴肅考量，但也要面對如何做到的難題，以目前暖化速度，最快 2030 年（最晚 2050 年）氣溫增幅會大於 1.5℃，若要達到低於 1.5℃ 的目標，則各國須在 2050 年前，每年投入約 2.4 兆美元，以達到淨零碳排放或碳中和、負碳排放的目標。COP24 被視為是 COP21 的期中考，這次勉強過關，顯然還有長路要走。此次會議台灣出動六十多人的龐大代表團到波蘭參加，甚至比英國代表團的人數還多，但因國家代表性上一向遭遇到的困難，無法參與正式談判過程，不過在現場的第一線觀察與互動，讓台灣得以不自外於國際大趨勢，這種民間的心意與積極行動力，令人讚嘆。

在全球暖化的因應策略上，多數國家（尤其是歐盟）認為比工業革命前升溫 2℃，是可以容忍的極限，但若依一切狀況不變下的維持現狀模擬（business-as-usual scenarios），則會在 2100 年前超過 2℃ 極限。由此看來，日後不無可能會提出更積極的國際行動，包括對國際市場碳交易的規範、碳稅、CO_2 排放數量管制等措施，屆時台灣最直接受影響的就是電力供應之成本與發電量。台灣雖非 UNFCCC 的正式會員，但當為國際成員，必須要有象徵與實質性的行動以資因應。

台灣在全球氣候變遷下的災害治理議題

如前所述，1997 年簽署的《京都議定書》期望在 2008 ～ 2012 年，將溫室氣體排放量平均削減到比 1990 年排放量還要低 5% 的水準，但現在看起來已知完全不可能。台灣目前設定的目標是在 2025 年前回復到 2000 年的排放標準，但從電力供應的成長看來，該目標的達成幾乎是不可能的任務！台灣的電力裝置容量在 1990 年（台電）為 1,688 萬千瓦（核能占 30.5%），2000 年為 2,963 萬千瓦（核能 17.4%），2009 年（台電本身與購電合計）為 4,024 萬千瓦（核能 12.8%），2017 年為 4,188 萬千瓦（核能 12.3%），可說是一路成長，近十年電力系統容量增加有限，但並非用電量沒有成長，而是一再降低備轉容量率之故（另參見本書〈福島核一廠事故與台灣核電爭議〉文）。

預估台灣未來十年內電力系統容量，在新增之產業需求下（包括相當

數量台商回流所產生之設廠需求），仍有超過5,000萬千瓦的可能性在。電力供應反映的是社會與產業的需求，台灣在二、三十年前電力供應的 CO_2 排放量約占全國的 1/3，也間接影響了其他 2/3 的 CO_2 排放（以產業與交通排放為主），當時台灣電力近 60% 用於工業，工業（尤其在石化與鋼鐵上）的 CO_2 排放量占全國比例亦占大宗。但時至今日，已有很大不同，因為服務業占比大增、部分耗能產業外移、產業結構與製程改變、車輛綠色環保標準提升等因素，現在發電業占台灣總碳排放量已提高到近六成（參考能源經濟學家梁啟源的估算）。所以台灣在電力供應的減碳目標上，應比以前要求更高，這也是部分人士一直提議應恢復核電的理由之一。惟核電廠雖經常號稱具有 CO_2 減量效果，但應不大於全部電力設施排放量的 5%，以全國來講則是約 3% 以下；綠色科技與再生能源的開發，則尚在起步階段。依此看來，台灣在電力供應無法減量下，應無可能達成以前設定的 CO_2 減量目標，若真的因國際政治或世界外貿壓力被逼減量，則在未能事先做好發電方式調整下，將直接衝擊到工業與製造業原來設定的需求，因此國家在經濟及產業結構之調整上，必須要有全盤不同的思考與規劃，但目前尚無明顯有效的做法。

至於海平面上升的因應上，有學者建議台灣應仿效荷蘭，以一公尺上升量來當為 21 世紀末的預估值，並提早仿荷蘭做法以資因應。但該問題涉及政府部門的環保管制責任、災害防治責任、責任移轉，與責任分工整合等國家機制之建立，其複雜程度如下所述。

台灣是一個易致災害（hazard-prone）的島國，經常要以全國之力因應颱風、洪水、土石流、水荒與地震等自然災害，因此在法令、救災與重建

全球氣候變遷與海平面上升

組織、特別經費支應等項國家機制上，大體稱職，但在土地利用與國土開發上則一向成效不彰。因此台灣在應付短期突發性的區域性自然災害時，尚有完備機制與執行成效，但在因應全球氣候變遷這種「緩慢」形成的大區域災害時，可說尚無可行的國家機制以資因應，這點在處理海平面上升的問題上，尤其清楚。底下試舉二例說明：

1. 台灣西部沿海早已有嚴重地盤下陷、超抽地下水、海水入侵，以及廠房民居林立的過度開發問題，更別提過去數十年來在農地農用與國土利用政策上的棄守，近百萬公頃農地已在農地非農用的鯨吞蠶食下逐步縮小，農地上廣泛興建點狀的農舍與魚塭及違章工廠，農地變成土地炒作試驗場，大片濕地上想要種電，台灣的土地利用困境慘不忍睹，尤以西岸最為嚴重。在此狀況下，若西部沿海諸區有遷移之必要時，必須先在適當的土地分區利用下做好國土規劃，但都市已經相當擁擠，農地則已四分五裂，想要替遷移的住民找到能夠居住又能就業的地方，還真不是一件容易處理的問題。

   單以雲林縣的地盤下陷給高鐵帶來極大的安全威脅為例，依此就可知若海平面真的上升 50 ～ 100 公分，將對西海岸帶來多大的衝擊。依先前 IPCC（2007）的評估報告觀之，台灣已列名高危險群國家，政府必須投入大量經費來做好海岸治理工作，或者在處理涉及不同規模搬遷下的國土規劃與土地利用分區時，需有策略及行動方案做好分年分期的治理計畫，荷蘭經驗也許是可供參考的國家治理模式，但迄無明顯可行的規劃與財務籌措。

2. 台灣過去在洪水及土石流微分區（microzoning）的標定及防救災演練上，雖然一直有很多困難，但隨著幾十年經驗的累積，已日見改善，在海平面上升對西海岸之分區影響上，亦有可資參考的各項模擬成果。因此重點不在於是否知道衝擊的範圍與強度，而在於如何治理。除了有效的海岸治理策略之外，尚有遷移一途。但台灣有史以來從未能做好災害下遷移民居的工作，在 1999 年的 921 地震與 2001 年桃芝風災之後，曾有搬遷數百戶居民之議，但未能成功；2009 年的八八水災則要搬遷千餘戶，雖因有永久屋之安排，尚稱成功，但在安置過程中可謂爭議連連。

　　撤離與安置涉及土地及財產轉移所產生的權利與責任，亦有就業問題。有些抗拒搬遷則涉及對居住地的情感與其他社會文化障礙。這些困難在臺灣是屬於非常麻煩的問題，需先制訂具共識性之國家機制，否則模擬分析將只是帶來讓當事者產生焦慮的警告，而無具體的因應成效。至於工廠與產業遷移，則是全國經濟與產業政策必須及早考量的重大課題，其衝擊之幅度亦不下於民居的遷移。

　　凡此種種皆可看出全球氣候變遷對台灣的威脅非同小可，若干結構性的問題如電力供應、海岸治理、災害下之遷移與安置，實在不是口號、書面作業與枝節性的調整所能應付，雖然我們尚有幾十年時間可資因應，但現在若不開始展開具體行動，到時就麻煩了！台灣目前的處境其實是非常困難的，因為日後雖有很大可能是海平面上升下的受害島國，惟在國際困境下仍無法成為簽約國，但若沒有適當參與，日後在國際貿易上可能處處

被設定關卡，在排碳總額交換或管制上將失去談判籌碼。在這種考量下，台灣也許可以更積極的利用科技與IT水準，建立起西海岸在海平面上升下之有效治理模式，更積極參與COP的外圍民間專業會議與組織，在島國防災聯盟中成為領頭羊角色，就像過去台達電與工研院所持續表現的積極作為一樣。

另外也可利用台灣的科技與製造水準，在政府設定優先戰略目標下，開發減碳捕碳與綠能技術，成為全球減碳捕碳科技圈中活躍的一員。但這些具有目標性的做法，皆須國家在非正式國際網絡下，出於中長期需要，願意制定中長期策略與補貼機制，才能促使民間產業投入，之後有可能不只自給自足，甚至發展成為獲利的新興產業。台灣在此積極投入過程中若能獲得國際肯定，則可能大幅降低未來國際貿易上的阻礙，並提高各項談判的籌碼。

台灣看起來是非核定了，此時除了量力而為發展綠能與提升能源使用效率，以因應全球氣候變遷的嚴峻局勢之外，尚需加緊研發其他各類補充性發電方式的減碳技術，在政府、產業與民間的民主協商機制上促其實踐，才不會一直在政治口號與政治攻防中被無謂的消耗掉。

• Archer, D., & Rahmstorf, S. (2010). *The climate crisis: An introductory guide to climate change*. Cambridge: Cambridge University Press.

• Bamber, J. L., Oppenheimer, M., Kopp, R. E., Aspinall, W. P., & Cooke, R. M. (2019). Ice sheet contributions to future sea-level rise from structured expert judgment. *Proceedings of the National Academy of Sciences (USA)*, 116 (23), 11195-11200.

- Ellis, E. C. (2018). *Anthropocene: A very short introduction*. Oxford: Oxford University Press.

- Graedel, T., & Crutzen, P. (1997). *Atmosphere, climate, and change*. New York: Scientific American Library.

- Incropera, F. P. (2016). *Climate change: A wicked problem*. Cambridge: Cambridge University Press.

- IPCC (2001). *Climate change 2001: Synthesis report*. Cambridge: Cambridge University Press.

- IPCC (2007). *Climate change 2007: Synthesis report*. Cambridge: Cambridge University Press.

- IPCC (2014). *Climate change 2014: Synthesis report*. Cambridge: Cambridge University Press.

- IPCC (2018 Special Report). *Global warming of 1.5°C: Summary for policymakers*. Switzerland: IPCC.

- Marzeion, B., et al. (2014). Attribution of global glacier mass loss to anthropogenic and natural causes. *Science*, 345, 919-921.

- Zerefos, C., Contopoulos, G., & Skalkeas, G. (Eds.) (2009). *Twenty years of ozone decline: Proceedings of the Symposium for the 20th Anniversary of the Montreal Protocol*. Berlin: Springer.

輯 四

預測災害與汙染下的
群體動態行為

災害與汙染下，如何預測群體的動態行為

　　台灣的環境與自然災害類型可粗分為三大類：（1）從 1960 年代到 1990 年間因經濟急速發展，由一般工業、石化產業與相對應成長的電力供應，所造成的傳統汙染源與核電問題，長期以來是討論台灣環境潰敗史與環保運動興起（尤其是 1987 年解嚴前後期間）的主題。惟在 1994 年通過《環境影響評估法》、1990 年代開始研訂《環境保護基本法》草案並於 2002 年公布施行《環境基本法》，以及部分產業逐漸移出台灣之後，該類爭議即有陸續減少之趨勢。（2）過去一、二十年間的大型天然災害，如 921 大地震（1999）、桃芝風災（2001）與八八水災（2009）等，係以水土為主的環境災害，其急速及大規模的破壞，與傳統汙染源的緩慢累積及毒害性質，有很大不同。（3）正在發生且對台灣未來有嚴重影響的全球氣候變遷問題，這是一個不易明顯察覺亦較不易讓人覺得其有針對性的環境災害，往往需要一點想像力與前瞻的眼光，才知道這不只是全球性的災變，也是未來島國台灣所要面對的最大環境及自然災害。

　　台灣人民在過去與未來應以何種心態，面對這三類截然不同的環境災

226

害，是一件需要好好了解的議題，其中牽涉有顯然不同的心理歷程以及不同的因應方式。上述所提三大類環境與自然災害，後面兩項在本書其他章節中已另有論列，不再贅述，本文將集中在第一類的討論。

環境抗議與自力救濟

台灣在 1960 到 1980 年代的 20 年間，工廠四處林立；石化產業則自 1968 年建一輕，到 1990 年代初期建五輕與六輕；電力供應在這段期間由 100 萬千瓦左右急速上升到近 2,000 萬千瓦。由此所造成的外部不經濟（或稱外部成本）相當明顯，這種負面的外部成本就是累積性的傳統汙染源，對水與空氣的影響以及對人體健康與農漁業的衝擊至為巨大。但台灣真正全面性且較 實的環保工作，係自 1980 年代以後才算開始。之前長達約 20 年的「汙染假期」，既無有效的政策又兼戒嚴期間，居民曾經嘗試過表達反對與不滿，但收效甚微，甚至遭受懲罰，之後慢慢形成「習得的無助」（learned helplessness），亦即從歷次經驗中學習到「反正做了也沒用」的結論，因此就不再繼續作出積極與主動式的反應。

惟在 1987 年解嚴前後兩年間，民間集體行為的自由度增大，1980 年代中期的台灣環境抗議行動因之勃興。在 1981 到 1988 年間反汙染自力救濟案件共 108 件（Hsiao, 1988）；1986 年 4 月宣布解嚴，1987 年 6 月解嚴，在此期間各類社會運動從以前的 78 件，馬上跳升到 167 件（Chu, 1988），情緒的大量釋放則以環境事件為大宗。由於這些事件，台灣開始

積極思考要建立環境影響評估制度；汙染管制與改善經費從 1980 年代中期每年不到 0.5% GDP，調升到 1990 年代的 2% GDP；外部不經濟有效內在化與環境優先的主張越來越普及。可以這樣說，台灣社會環境風險覺知的大幅提高，以及因此產生的強烈環境爭議，是台灣環境保護工作走上正軌的主因，印證了台灣民主運動發展史上被普遍認定的鐵律，權利與權力一向是爭取得來的。

　　台灣在 1980 年代後開始較積極推動環保工作，我大約也是在那段期間，開始參與主持心理聲學（噪音及振動）研究，以及加入由地理學家張長義主持，以台大理學院為主的 EIA 系統建制工作，在 1983 年前後開始執行「台灣北部沿海工業區環境影響評估示範計畫」，參與研究的包括有蔡清彥、陳泰然、彭旭明、牟中原、於幼華（環工所），以及吳英璋等人，分別在空氣、水、噪音與振動、地理及區域規劃等項目上，與美國 SRI（Stanford Research Institute）合作，在衛生署莊進源安排的計畫支助下，建立台灣 EIA 體系，並當為設立獨立的環保署與建立環境影響評估制度之先鋒。在此期間行政院衛生署環保局已即將轉型升格為行政院環保署，擬藉此計畫先來建立並推動環境影響評估（Environmental Impact Assessment, EIA）制度。1985 年則以該計畫為基礎訂定「加強推動環境影響評估方案」，後來於 1994 年訂頒《環境影響評估法》。這些基礎工作背後的驅動力量，就是社會對環境汙染急切要求改善的心情（汪曼穎等人，2013）。在這段工作期間，正是台灣環境運動開始勃興之時，我也因此轉而關心台灣社會究竟是如何被捲入環境抗議的。

　　在這段台灣環境醒覺與爭議期間（1987 年解嚴前後），社會提供

了心理學家觀察及參與的實驗場域，包括習得的無助、風險偏移、鄰避（NIMBY）、廠商利他行為、公平與正義觀、情緒與自力救濟等項人類行為之面向與觸發，皆可在此場域中得到觀察資料，並可在此基礎上研議其發生機制。在這段解嚴前後社會力釋放期間，已經可以由調查資料中發現，居民在維護其環境利益時，開始對「公正第三者」（學術或專業評估者）之仲裁，不再賦予較大信心或依賴，轉而選擇陳情與自力救濟方式當為有效抗爭手段。

在環境爭議事件中常有人數眾多的團體行動，團體參與決策時有一種特殊的集體行為特色，亦即認為若抗議行動失敗了，大家可一齊分擔責任（其先決條件是成員不能太多，以免人多口雜行動失焦，但也不能太少人以免動員力道不足，且相互間有較強的情感聯繫，萬一失敗時大家願意分擔責任），則可因此降低失敗的恐懼，而形成「冒險偏移」（risky-shift），也就是變得更願意冒更大的險，眾多的自力救濟案大概就這樣發生了。若有更系統化的環境理念引導，則會產生具規模的環保運動，如這段期間的鹿港反杜邦二氧化鈦廠運動，以及其後反五輕、六輕、核四等更大更久的系統性環保運動。由於這些運動所形成的熱潮與壓力，帶動了更廣泛的公民參與及環境政策之改善，台灣開始有了更積極的環保努力與成果。

早期的環境抗議事件有時被稱為自力救濟，「自力救濟」係指當權利遭侵害時，因事出非常，來不及依國家所定的法律程序請求救濟，而以自己力量直接對違反義務人予以制裁，以防止自己權利被侵害或藉此促使對方履行義務之謂。這是一種受到不法侵害時，立刻阻止，而進行之行為，目的在阻卻違法。依中華民國刑法第 23 條「對於現在不法之侵害，而出於

防衛自己或他人權利之行為，不罰。但防衛行為過當者，得減輕或免除其刑」；第二十四條「因避免自己或他人生命、身體、自由、財產之緊急危難而出於不得已之行為，不罰。但避難行為過當者，得減輕或免除其刑」。中華民國民法亦有類似精神之條文，第一百五十一條「為保護自己權利，對於他人之自由或財產施以拘束、押收或毀損者，不負損害賠償之責。但以不及受法院或其他有關機關援助，並非於其時為之，則請求權不得實行或其實行顯有困難者為限」。

自力救濟與環保運動，確實會對廠商及政府產生極大壓力，在政府方面逐漸會因為政治利益，形成較全盤性的體制面改革，廠商也會因為經濟利益極大化的考量，做出改善汙染的動作，表面上看起來就像是一種利他行為。其實這種行為改變的基礎，仍是從自私自利出發，但會讓人覺得是一種利他行為，亦可稱之為模擬性利他行為（simulated altruism）。1992年諾貝爾經濟學獎得主 Gary Becker（1974, 1981），曾提出「壞小孩定理」（rotten-kid theorem）予以解釋，大意是說一位本是自私自利的不肖子，由於害怕若是做出傷害兄弟姊妹，並使其利益受損的舉動，可能會使掌握有分配權的大家長，將原本應該給他的財貨，重新分給他人，因此這位不肖子在理性的考量下，會儘量兄友弟恭，表現出模擬性的利他行為出來。

風險知覺與環境爭議

大家還想進一步知道的是，集體性自力救濟究竟如何發生，還有政府

如何處理集體性的自力救濟？第一個普遍的想法是鄰避效應（NIMBY，不要在我家後院），這種機制在垃圾掩埋場或焚化爐以及石化設廠上，還算相當適用，但顯然難以用在反核（與反核四興建）運動之上，因為這種運動有相當清楚的全球脈絡，與大都會知識分子的參與，其策略性走向與跟隨行為有相當清楚的軌跡可循。所以這兩類事件應分開討論。

抗議性的集體行為，有時會表現出底下兩樣不尋常的特性：

1. 經常受到壓力（挫折、憤怒）與孤立（缺乏溝通、極化、害怕）之合併影響，在憤怒時一般會往外攻擊，害怕時則退縮或往後逃逸，但在特殊情況下是有可能又怒又怕。Konrad Lorenz（1966）指出，若一隻狗處在這種既怒又怕狀態下，嘴巴會張開很大而且耳朵大幅下垂，若情緒效應的本質是線性的，則在又怒又怕時的行為，依照力的線性合成原理，應該是靜止不動，但這種線性觀點並不符實際行為的觀察，真實的狀況是，個體不會靜止不動，而是會選擇攻擊或逃逸中的一種，但很難講是哪一種，充滿了不可預測性，這就是當年流行的巨變理論（catastrophe theory；Saunders, 1980）所揭櫫之要點。過去影響台灣民主深遠發展的美麗島事件，其發生的情緒機制與集體行為，也可依該一原理予以了解，在當時肅殺的戒嚴氣氛下，參與台灣民主運動的一群人在特定時空下又怒又怕，而爆發出事前難以預測的集體反抗行為。

2. 當該一社群成員互相之間有情感關聯時，比較願意共同分攤責任，此時的集體行為容易出現社會心理學研究上所稱的「風險偏移」

災害與污染下，如何預測群體的動態行為

（risky-shift），變得比在獨立個體狀態下更有冒險傾向，因為若出事了大家可以分攤責任。

因此這類系統下的集體行為，充滿了不確定性與冒險升高的特質，在這種猛烈又不穩定的集體行為下，做「冷化處理」（playing it cool），降低可能引起嚴重衝突的系統溫度，讓系統熵值下降，一般而言是較佳的策略（Zeeman et al., 1976）。

集體行為的情緒從哪裡來？

很多人會想，籌設核電廠所在地居民根本還不清楚核電的運作內容，怎麼那麼快就會有害怕、憤怒的強烈情緒，甚至形成有組織意志堅定的集體行動？其實最有規模而且目標清楚的，近期當然是以反核四為主，因為這是已經過了很久一直沒停過的進行式。從台灣本土特性而言，它繼承了台灣反汙染的能量與傳統，來自籌建初期對當地居民不夠尊重，中間出現實質利益可能受損，以及事前事後與政府及台電溝通不良而產生的不滿，一直存在；另外這是過去在野黨現在民進黨，一直在推動的核心主張之一，所以積極經營己方陣營的群聚與跟隨行為是很正常的事（參考Baddeley, 2018），但信仰的維繫需有情緒張力撐住才能成事。反核能發電反核四運動得以在社會上持續，而非只是局限在貢寮、各核電廠所在地，或核廢料貯存處，乃因涉及全球性的核安事件與反核哲學，透過城市型的知識分子與反核團體散播理念資訊與熱情所致。

所以，一旦陷入這類以情緒為主調的賽局中，則長期而言，可觀察到類似偏執行為的症狀，亦即，隨著時間過去基本信念仍然不會改變（對信念作微分等於零），提供核安的各種數據或是否通過公投，都不會影響原來的信念（提供資訊之後出現該一信念的機率，與沒提供任何資訊所得的結果一樣），簡單講就是一有定見之後百馬難拖，對有些意志堅定的信仰者而言，一日反核就是終身反核，沒什麼好遊說的。在這類反核信念中，其實帶有濃厚的情緒色彩。對政府而言，針對這類內聚性強烈的集體抗議事件，可以有鷹派、妥協或鴿派反應模式（Saunders, 1980），但實務上很少採用鷹派模式出擊，一般是用冷化處理模式行之，雖然外表看起來像鴿派，其實就長遠來看並不盡然。

　　由此看來，在環境爭議中的攻防雙方，依環境問題的性質會有不同的因應策略，爭議強度升高或降低的演化方式亦不盡相同，底下試就一般攻防模式析論之（Huang, 1990），讀者可自行跳過技術化的討論，不會影響到對基礎問題的了解。

策略運用下之環境談判行為

　　環境談判的成功與否，受談判代理人及糾紛處理程序的影響甚大，過去的台灣民眾，傾向於在發現鄰近工廠製造汙染時，向環保團體反映，該一趨勢與美國情況相符。專業的環保團體基本上採行策略理性（strategically rational）方式進行談判，可減少談判成本並提高「喊價」的有效性，故可以是環境談判上的適當代理人。政府部門之談判代理人，

在中央應為目的事業主管機關環保署，但在1988年高雄林園石化事件中，政府代理人改由強勢的主管機關經濟部擔綱；在有關電廠之爭議事件中，政府部門的談判代理人過去通常為業主台電，甚少升級，但現在的火力電廠汙染爭議，則已上綱到經濟部甚至行政院，核電爭議更是如此。由此看來，政府部門的環境談判代理人雖有分殊化傾向，但隨著時代演進，愈來愈往上飆高。

當地方民眾與政府單位人員，皆不認為有合適的第三者中立團體或委員會，可以出面從事成功的糾紛處理與仲裁時，《公害糾紛處理法》傾向授權地方政府處理糾紛事宜，仲裁之最高決定機構則為法院系統，如最近的中部科學園區案例。目前逐漸傾向搭配大選，流行採用公民投票，想當為糾紛處理的解決方式，但不見得是一種能有效解決爭議的做法，目前又修改了公投法，將公投與大選脫鉤，這種功能只會更小（參見本書〈福島核一廠事故與台灣核電爭議〉文）。

本國環境談判早期，當為談判代理人之各級政府，其一致性高，環保團體亦然。在各自的內部同質性高，且各自內部合作性亦高的情況下，談判對象與主題皆較清楚，故可視為一對一談判。在中期，則環保團體可能增多或規模變大，異質性與分殊性因之增高；若地方自治逐漸落實，則各級政府單位之談判一致性亦會降低，此時雙方的環境談判行為將趨複雜。後期則應以法院系統為環保訴訟之標的機構，兩造在具有裁判力的法院平台上攻防，應是比較能夠解決紛爭的方式，但仍要取決於雙方是否願意及時送上法院平台，中間仍涉及社會上民主法治的演進狀態。底下僅就比較簡單的一對一（以當事人團體對上負責機關或政府單位為主），且一直在

進行中的環境爭議與談判行為做一分析，其他議題暫存不論。

一對一環境談判行為

　　假設在環境爭議事件中，已經浮現出清楚之一對一環境談判的系統行為時，則可考慮一個簡單的情境（參考 Richardson, 1939 與 Braun, 1978）：

$$\frac{dx}{dt} = ky - \alpha x + q \quad ……(1)$$

$$\frac{dy}{dt} = \ell x - \beta y + h \quad …… (2)$$

　　x 與 y 代表對抗雙方的行動強度，dx/dt 與 dy/dt 表示抗爭或對立強度之變化率，（1）與（2）式中之係數皆為正值。對立強度的變化與對方的反應強度（ky 與 lx）呈正向關係，α x 與 β y 項表示在爭議對立下導致內部資源消耗，g 與 h 分別表示主觀上認定對方沒有誠意與陰謀攪局的程度（或稱「動機誠意論」）。設（1）式為環保團體的行為式，（2）式則為負責業務的政府單位。

系統有穩定解之條件

　　上述（1）與（2）的微分方程組，可以改寫成矩陣形式，以求解特性根（eigenvalue）：

$$\begin{pmatrix} \frac{dx}{dt} \\ \frac{dy}{dt} \end{pmatrix} - \begin{pmatrix} \alpha & k \\ \ell & -\beta \end{pmatrix} \begin{pmatrix} r \\ y \end{pmatrix}$$

該係數矩陣之特性根為

$$\lambda = \frac{-(\alpha+\beta) \pm \left[(\alpha+\beta)^2 - 4(\alpha\beta - k\ell)\right]^{1/2}}{2}$$

$$= \frac{-(\alpha+\beta) \pm \left[(\alpha-\beta)^2 + 4k\ell\right]^{1/2}}{2}$$

該二特性根都是不為零的實數，且有底下特性：(i) 當 $\alpha\beta >$ kl，二特性根皆為負值，此時 $\left[(\alpha+\beta)^2 - 4(\alpha\beta - k\ell)\right]^{1/2} < (\alpha+\beta)$。在此條件下，該系統有穩定解。(ii) 當 $\alpha\beta <$ kl 時，則二特性根為一正一負之實數，此時該系統之均衡解處於不穩定狀態。

該微分方程組大約可作如下之討論：

1. 雙方不顧一切

在此情況下，設 $\alpha = \beta =$ g = h = 0，亦即不顧一切，完全依對方反應而作反應，則該方程組的解為：

$$x(t) = A \exp(\sqrt{k\ell}\ t) + B \exp(-\sqrt{k\ell}\ t)$$

$$y(t) = \sqrt{\frac{\ell}{k}} \left[A \exp(\sqrt{k\ell}\ t) - B \exp(-\sqrt{k\ell}\ t) \right]$$

921 震後 20 年紀事

式中 exp 表示指數（exponential）。當 A 為正值，時間 t 拉長時，x(t) 或 y(t) 皆趨於無窮。該結果表示雙方最後會走上「對決」之路。

2. 己方資源消耗之考慮

當環保團體「豁出去」，不顧自己資源之消耗，而政府單位在顧及執政形象而且面臨資源容易消耗之情況下，$k > \alpha$ 且 $\beta > l$。設 $k = m\alpha > \alpha > 0$，若 $1 < m < \beta/_\ell$，則

$$\alpha\beta - k\ell = \alpha\beta - m\alpha\ell = \alpha(\beta - m\ell) > \alpha > 0$$

此時該系統有穩定解。當 $\beta/_\ell > m$ 時皆可滿足系統穩定解之獲得。如何收集資料判定 m 值，且不使 $\beta/_\ell$ 過份膨脹，以致遭到「懦弱」或「公權力不振」之譏，則為政府部門應隨時研判之要務。1986 年鹿港地區反杜邦興建二氧化鈦廠，以及 1987 年之後的後勁地區反五輕的環境運動與談判中，常見政府單位提出「政府永遠與民眾站在一起」、「積極督促中油改善汙染現況」之語，即為冷卻程序（cool-down procedure）之應用，該冷卻程序常有「拖延回應」之成分在內。但系統有穩定解，並不表示汙染狀況即能有所改善，其意義主要在暫停設廠、遷廠或暫時拖延，以獲取環保運動冷卻的效果，該後果乃為環保談判僅在求穩定解時之隱憂。

3. 雙方溝通強度之測量與動機誠意論之減除

在（1）與（2）式中，g 與 h 被設定為常數項可能不是很妥當。g 與 h 為系統中之雜訊項，其大小變化可能因時間向度與雙方溝通程度，而成為一具有某種分配型態之隨機變項。該分配型態很難測知，但至少可以假設

災害與污染下，如何預測群體的動態行為

在雙方有良好的溝通（指消息傳遞之正確性與有效性）情況下，g 與 h 可保持定值或趨於零，使（1）與（2）微分方程組之雜訊干擾變少。雙方是否有良好的溝通，可仿 Hopfield（1982）在神經網路研究上之做法，設定一溝通有效性（communication or connection efficacy）指標如下：

$$C_{ij} = \sum_q \left(2V_i^q - 1\right)\left(2V_j^q - 1\right) \quad \dots\dots(3)$$

C_{ij} 表示民間與政府部門在環境談判系統中，所建立起來的連結強度；q = 1,2,…,n 表示該系統啟動後經歷不同狀態 q 之歷史，在此可特別以歷次環境爭議事件之行動定義之；V_i 與 V_j 表示 i 與 j 之行動值或回應值，以 0（沒有行動或無針對性之反應）或 1 表示之，V_i 與 V_j 值亦可標定為連續性數值，但為簡化起見以 0 或 1 表示之。（3）式即表示在過去歷史中，i 在環境談判之過程上有 n 個行動值，j 亦有 n 個回應值，此時 C_{ij} 之測量則可由歷次環境爭議事件的觀察中，判斷雙方之挑戰與回應狀態，代入（3）式中求得。V_i 與 V_j 可由觀察判定其為 0 或 1，將 n 次觀察值代入（3）式後，可求得實際 C_{ij} 值，$-n \le C_{ij} \le n$，當 $C_{ij}= 0$ 時表示 i 與 j 之間幾無實質溝通，此時（1）與（2）式中之 g 與 h 值成為具有隨機變項特質之雜訊項，則（1）與（2）式之聯立解，不宜採上述方式進行。若 C_{ij} 趨向 n 或 -n，則 g 與 h 將趨定值或零，可提升解聯立方程組之可靠性。

4. 週期性之動態行為

反核運動的性格及戰鬥模式，與上面討論的樣態有很大不同，1988年開始的反核四廠興建行動中，可觀察出民間環保團體乃採「節節升高」

之週期性抗議行為的做法。該行為組型大約可描述為指數調增正弦函數（exponentially modulated sinusoids）之動態行為，亦即其函數可表為 $e^{\sigma t} \cdot \sin \omega t$（$\sigma > 0$，$\omega$ 為正弦函數之頻率）。若放入（1）與（2）之系統中求解，則表示其解應有 $e^{\sigma t}$ 與 $e^{i\omega t}$ 之成分（$i = \sqrt{-1}$；σ，ω 為該系統特性根之實數與虛數部分之值），以顯現反核抗議行為之特性。但由（1）與（2）之系統所解出的特性根（λ），如前所述，皆為實數，並無虛數部分，故無法由該一系統解出具有週期性的動態行為（參考 Braun, 1978）。但該反例並非致命傷，因為該反例動態行為的形成，並非在（1）與（2）系統下有可能會自然演進出來的行為，而係環保團體在進入該環境談判系統之前，就已先訂定出來的策略性做法。

政策訊息提供與壓力減除

當兩造進入環境談判系統後，政府機構常使用冷卻程序，以期望獲取系統之穩定解。最常用的冷卻程序之一即為「延遲回應」，但在情緒層面上產生的後果則為心理緊張或壓力之累積（accumulated stress），該累積性緊張之發生，係因等待而來（Osuna, 1985），將使（1）與（2）之系統雜訊增加。因此在此等待期間如何給予最適政策訊息，以消除緊張，乃係重返（1）與（2）系統求穩定解的先決條件。

假設心理緊張程度有三類系統成分，一為進入環境談判系統前已有之緊張度，以 S(0⁻) 表示；一為進入系統後政策執行前之緊張度，以 S(*t*) 表

災害與污染下，如何預測群體的動態行為

示，S(*t*) 在時間軸上為非遞減函數，最後為當政策執行時（在 t_p 時間）之緊張度，以 S(t_p) 表示。政策執行前的政策宣告，其目的即在改變 S(*t*) 之成長型態，使宣告後之 S(*t*) 維持在與 S(t_p) 相等之緊張度上，一直持續到 t_p 時。下圖即描述該一躍升、下降、平移的動態行為。底下分別說明不同條件下，政策宣告最適時機的意義。

1. $0 \leq S(t_p) \leq S(t_p^-)$

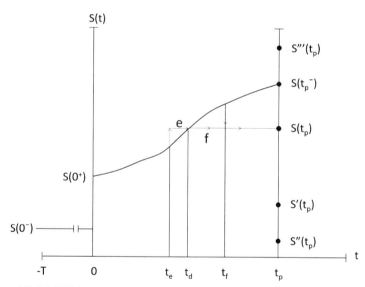

政策消息提供之最適時機。S(t) 為依時間變化之緊張度；t_p：政策執行時間，t_d：政策宣告最適時間，t_e：過早宣告時間，t_f：過遲宣告時間，t_p^-：政策執行前一瞬間；S(0^-)：未進入談判系統前之緊張度，S(t_p)：相應於 t_p 時間之緊張度。

在此條件下，t_d 為政策宣告之最適時機。若過早宣告 (t_e)，則 S(t_e) 會躍升至與 S(t_p) 相等，再水平移動至 S(t_p) 點，此時比在 t_d 宣告時，會多出 e 之增量；同理在延後至 t_f 宣告時，會多出 f 之增量。

2. $S(0^-) \leq S'(t_p) \leq S(0^+)$　或　$0 \leq S''(t_p) \leq S(0^-)$

此時最適之政策宣告時間自然是愈早愈好。在後一條件下，尚可在對方或民間未進入談判系統前就予宣告，以減少不必要之心理緊張。

3. $S(t_p) \leq S'''(t_p)$

在該條件下，最適策略為不提前宣告。

若要公告一個具有爭議性設施之興建 (如過去若要宣告核四廠是否在東北角海岸興建之決策)，適用 $S(t_p^-) < S'''(t_p)$ 之條件，因為若宣布興建，則 S(t) 將躍升至 S'''(t_p)，任何事前宣告之心理緊張增量（相對於自然成長而言）必大於零。本文在此無法探討宣告或執行後可能會發生的真正後果，但若政策改採折衷方案，如改用增建天然氣發電與火力電廠、原有核電廠內增設機組，或大幅推廣氣電共生、綠能與節約能源等方式取代，則在此準備下，可研判何時為能減低心理緊張之最適政策宣告時機。

若政策可符對方願望，則宜在適當時間宣告。如過去的五輕興建因各方抗議已拖一年，但政府迄未作過任何「延建一年」的宣告，其目的可能係為維護公權力之顏面，但心理緊張則因之未能消滅，持續攀高。

另外在政策宣告上也可能有事先提供衝突性宣告的案例。在鹿港地區

災害與污染下，如何預測群體的動態行為

杜邦設廠案中，經濟部工業局之「依法核准，並無違法情事」，與行政院之「政府永遠與人民站在一起」之宣告，有不同的政策引申含義，徒增民間對政策執行產生不確定性。為減低該不確定性所引起的焦慮，當地民眾須找人作社會比較（或聊天、訴苦），以減低焦慮。在此過程中，憤怒與同情的強度可能增高，促使動員能力增強，團體成員擴大編組，行動轉趨激烈，導致杜邦設廠之停建。

環境談判中的行為強度界限與談判鍊長度

在環境談判中期，民間環保團體與政府權責單位各自之內的異質性與分殊性可能增高，則談判過程是否能趨穩定，尚屬未能驗證之事，但環保運動並非政治運動或革命，且環保也是政府單位無可推辭而應力求表現之項目，因此應不致造成對決態勢，則（1）與（2）系統中之對決行為可能不會發生。在雙方結構日趨複雜時，是否各自內部互相節制的力量，能規範自己一方的行為強度，在反覆運作過程中，使行為強度有界限存在（bounded）？當行為強度有界時，如何給予一能量函數（如 Liapunov 函數），而該函數在 $t \rightarrow \infty$ 時將趨近於零，使該談判系統產生穩定解。同理，若經由觀察得知某一談判系統已趨穩定，則是否亦可逆推其啟動系統運作之能量函數為何？

在環境談判中，另有談判鏈長度（chain length）問題。在一個環境談判的適應性系統中，就同一環境爭議反覆談判下，若談判鏈長度愈短（亦即談判所涉及之不同政府單位層級與數目皆較少），則進入該談判之行為系統應愈易趨穩定。在系統趨穩下，則較短之談判鏈，可能會導致較少之

反覆談判數,可使談判成本減少。

在環保法令制定醞釀期中,或在政府「重振公權力」的宣告下,民眾處於一種期望,或無消息可資判斷的決策情境(亦即既非無知亦非一般的不確定性,而係模糊不明),則可能會從「受害者」角色的情緒反應,轉趨冷靜,尋找以專業環保團體為代理人的理性動員策略,並在適當時機從事「代理喊價」以求均衡解。上述從情緒性的受害訴求→理性動員→代理喊價之動態行為,應可建立動態模型,以獲取具政策引申性的分析。

跨世代福祉與永續發展

上述所提的環境爭議,大部分係基於人性考量立論,以人類行為的動態發展為依歸,說明在什麼衝突情境下發生,又如何因應解決。但環境爭議的背後還有一個更大的架構需要考量,亦即,環境爭議的目的是為了什麼,其正當性為何?環境與生態的價值何在,是有獨立存在的必要、應該留給下一代可以迴旋的空間,或者應在國家社會發展的脈絡下共存共榮甚至妥協?底下試著從比較大的觀點予以論述。

如前所述,1980 年代中期台灣的反汙染自力救濟與環境抗議行動勃興,外部不經濟有效內在化及環境優先的主張越來越普及。1987 年 10 月 20 日行政院頒布《現階段環境保護政策綱領》,提出「環境保護與經濟發展應兼籌並顧;在經濟發展過程中,如對自然環境有重大不良影響者,應對環境保護優先考慮……」。之後台灣出現了第一個寫入憲法的「環境

條款」，是 1992 年的憲法增修條文第十八條第二項「經濟及科學技術發展，應與環境及生態保護兼籌並顧」，該條文乃一宣示性規定，且係在同條第一項「國家應獎勵科學技術發展及投資，促進產業升級，推動農漁現代化，重視水資源之開發利用，加強國際經濟合作」的前提之下，來兼籌並顧的。

接著 1994 年頒布《環境影響評估法》，規定開發行為對環境有不良影響之虞者，應實施環境影響評估。有趣的是，1988 年行政院就已經提出草案，卻一直要到 2002 年 12 月才得以頒布《環境基本法》，其立法宗旨為「提升環境品質，增進國民健康與福祉，維護環境資源，追求永續發展，以推動環境保護」，永續發展係指做到滿足當代需求，同時不損及後代滿足其需要之發展。基本法中並說「基於國家長期利益，經濟、科技及社會發展均應兼顧環境保護。但經濟、科技及社會發展對環境有嚴重不良影響或有危害之虞者，應環境保護優先。」以及「環境資源為全體國民世代所有，中央政府應建立環境汙染及破壞者付費制度，對汙染及破壞者徵收汙染防治及環境復育費用，以維護環境之永續利用。」

從 1987 到 2002 年的法規發展歷史來看，其基本思考邏輯是一致的，環境保護的架構也愈來愈清楚，這是一個台灣大轉型走上民主法治社會後，開大門走大路的作為，也清楚交代了環境保護的主旨，在於使公共財不被少數人所專用濫用，以履現人間的公平與正義。另外也可以這麼說，環境抗議後來透過一連串法令修訂，終於取得正當性，亦即正當性是爭取得來的。

值得再提的是有關跨世代福祉與永續發展的理念及實踐，這也是環境

基本法所強調的方向。永續發展（sustainable development）的概念在1990年代逐漸成形，被認為是當代最具可行性的綠色口號，其要點依 WCED（World Commission on Environment and Development）1987 年的定義（另稱 Our Common Future 報告，或稱 Brundtland 報告），是「能滿足當代的需要而同時不損及後代滿足其本身需要的能力之發展」，該要點引申出經濟上與生態上的解釋。

經濟上的解釋認為在經濟發展上，當代福祉之增加，不可以以降低後代福祉為代價，在此觀點下強調經濟與環保目標的相容性，而非衝突與對抗。永續發展的生態上解釋，則認為在概念上須先強調生態系之永續的確保，唯有確保生態系的永續性，才能達到持續不斷的經濟發展，所以生態系永續與經濟發展存在有一先後關係，需先在不超出維生生態系統容受力下，改善人類的生活品質，這意思是永續發展的概念與實踐，不能僅靠理性計算完成，尚須建立一套人與土地、地球之間的情感聯繫，留給生態系一個轉圜的空間。由此可以看出一個名詞兩種解釋，它們之間在使用的語言與實踐方式上，還有很多需要溝通的差異在。

在永續發展的原始定義中，有一項非常重要的觀念，亦即後代福祉的問題。由於可能有時間折現率（temporal discount）的影響，假如將隔年受到同樣傷害的福祉損失，等同於今年發生時的 0.99 倍，意思是時間折現率很小，兩者差不多，表面上看來應該還算合理，但想想看若以這種幾乎無差異的方式對待 100 年後，受到同樣傷害的人，則我們幾乎不會賦予他們任何分量，因為 $(1-r)^n = 1 - nr$（r 為時間折現率，n 為相隔年數），在 r = 0.01，n = 100 時，$(1-r)^n$ 趨近於零；若採較高的折現率（這是很可

能發生的，尤其是在以個人眼前現實利益為中心做考量的當代社會），如 r = 0.05，則在 n = 20 時，$(1-r)^n$ 即已趨近於零。按照這種算法，若無更高瞻遠矚的眼光，以及不要太專注於眼前的利益，則一直夸夸其談說我們能對未來世代負起責任，不會傷害到他們的未來福祉，那是自欺欺人的想法。

人類社會是很有可能將未來世代的道德分量，看得比當代來得少些，同理，國內的人命價值（尤其是已較開發的國家）在跨區比較上，也比國外同樣的人命來得重要。由此看來，比較合理的做法應是體認未來發展的不確定性，先留給生態系一個可供轉圜的空間，以保證未來有可居住的環境。這種觀點在過去也許有點理想化，與經濟觀點有些落差，但現在面對全球氣候變遷日趨嚴峻的負面後果，真的事涉人類社會存亡之時，生態觀點的現實性日漸增高，經濟觀點也開始調整看法，未來全球氣候變遷所帶來的嚴重警訊，開始讓本來有相當差異的經濟與生態觀點，在永續發展的做法上，逐漸有了可以會通調和之處（黃榮村，1993，1994）。

• 黃榮村（1993）。〈環境問題的人文與社會層面〉。顏清連、駱尚廉（編）：《土木與環境》，頁 47-87。台北市：中華民國環境工程學會。
• 黃榮村（1994）。〈環境問題與社會〉。歐陽嶠暉（編）：《環境規劃與管理》。台北市：教育部。
• 汪曼穎、葉怡玉、黃榮村（2013）。〈台灣認知心理學的應用：從認知研究到科技脈絡裡的人性化設計〉。《中華心理學刊》，55 卷，3 期，381-404。

- Baddeley, M. (2018). *Copycats and contrarians: Why we follow others - and when we don't*. New Haven: Yale University Press. （洪夏天譯：《我們為何從眾，何時又不？》。台北市：商周出版，2018。）

- Becker, G. (1974). A theory of social interactions. *Journal of Political Economy*, 82, 1063-93.

- Becker, G. (1981). *A treatise on the family*. Cambridge, MA.: Harvard University Press.

- Braun, M. (1978) *Differential equations and their applications*. New York: Springer-Verlag.

- Chu, W. H. (朱雲漢) (1988). *The emergence of self-rescue movements: A socio-structural view*. Unpublished Manuscript.

- Hopfield, J. J. (1982). Neural networks and physical systems with emergent collective computational abilities. *Proceedings of the National Academy of Sciences (USA)*, 79, 2554-2558.

- Hsiao, M. H-H. (蕭新煌) (1988). *Anti-pollution self-rescue movements in 1980's: A structure-process analysis*. Taipei: EPA.

- Huang, J. T. (黃榮村) (1990). Tension reduction in environmental transactions: A dynamic-theoretic approach. In J. L. Oliver (Ed.), *Towards 2000: Meeting the challenges of the 21st century*, pp. 257-272. Pretoria: Human Sciences Research Council.

- Lorenz, K. (1966). *On aggression*. London: Methuen.

- Osuna, E. E. (1985). The psychological cost of waiting. *Journal of Mathematical Psychology*, 29, 82-105.

災害與污染下，如何預測群體的動態行為

- Richardson, L. F. (1939). Generalized foreign politics. *The British Journal of Psychology*, Monograph Supplement #23.

- Saunders, P. T. (1980). *An introduction to catastrophe theory*. Cambridge: Cambridge University Press.

- Zeeman, E. C., Hall, C. S., Harrison, P. J., Marriage, G.H., & Shapland, P. H. (1976). A model for institutional disturbances. *British Journal of Mathematical and Statistical Psychology*, 29, 66-80.

Canon 30

INK PUBLISHING

921震後20年紀事
以及核電爭議與全球氣候變遷

作　　者	黃榮村
總 編 輯	初安民
主　　編	林玟君
美術編輯	林麗華
校　　對	黃榮村　吳美滿　林玟君
圖片提供	黃榮村

發 行 人	張書銘
出　　版	**INK**印刻文學生活雜誌出版股份有限公司
	新北市中和區建一路249號8樓
	電話：02-22281626
	傳真：02-22281598
	e-mail：ink.book@msa.hinet.net
網　　址	舒讀網http://www.sudu.cc

法律顧問	巨鼎博達法律事務所
	施竣中律師
總 代 理	成陽出版股份有限公司
	電話：03-2717085（代表號）
	傳真：03-3556521
郵政劃撥	19785090 印刻文學生活雜誌出版股份有限公司
印　　刷	海王印刷事業股份有限公司

港澳總經銷	泛華發行代理有限公司
地　　址	香港新界將軍澳工業邨駿昌街7號2樓
電　　話	(852) 2798 2220
傳　　真	(852) 2796 5471
網　　址	www.gccd.com.hk

出版日期	2019年9月　初版
ISBN	978-986-387-304-4

定價　330 元

國家圖書館出版品預行編目資料

921震後20年紀事：以及核電爭議與全球氣候變遷
　　／黃榮村著；
　　--初版．--新北市：INK印刻文學，
　　2019.09　面；　公分（Canon；30）
　　ISBN　978-986-387-304-4（平裝）

1.臺灣社會　2.言論集

540.933　　　　　　　　　　　108010224